最後の停戦論

ウクライナとロシアを躍らせた黒幕の正体

佐藤優
鈴木宗男

徳間書店

ウクライナの反転攻勢は、どうなるか
〜まえがきにかえて〜

6月に入ってからウクライナのロシアに対する反転攻勢が始まった。

〈ウクライナのゼレンスキー大統領は10日、「ウクライナで反攻と防御の軍事行動が取られている」と述べ、ロシアに対する反転攻勢を開始したことを初めて認めた。（中略）プーチン氏は9日、反攻が「間違いなく始まった」と述べ、撃退に自信を見せたが、これに反論した形。

ゼレンスキー氏は5月29日のビデオ声明で、反攻の時期に関して「決定が下された」と表明。ロシアのショイグ国防相は反攻が6月4日から既に始まっているとし、投入されたドイツ製戦車レオパルトの破壊など撃退の成功を連日発表している。〉（6月11日「共同通信」）

ロシア政府系テレビ「第一チャンネル」は、6月5日の『夕方のニュース』で、戦車を伴うウクライナ軍がドネツク、ザポロジエ、ヘルソンなどの4カ所の突破を試みたが、ロシアの国境警備隊と軍隊が全て撃退したと報じた。ウクライナ軍の兵員300人以上を殺害、戦車6輌、装甲車両26輌、自動車14台を破壊したという。ドローンで撮影した戦車3輌、装甲車両1輌がミサイルで破壊される瞬間の動画を映した。ウクライナは本件について沈黙している。

ただしプーチン大統領は、西側連合に支援されたウクライナ軍の力を過小評価していない。6月22日の安全保障会議における国防相らとのやりとりが興味深い。〈このなかで、ショイグ国防相が「敵は活動を縮小させた」とウクライナ軍の勢いは当初よりも衰えていると主張し、パトルシェフ安全保障会議書記も、反転攻勢を開始してからウクライナ軍の死者が1万3000人に上ると報告するなど、ロシア軍が撃退に成功していると強調しました。

また、ショイグ国防相は「契約に基づいて新たに兵士として11万4000人を採用した。1日に平均1336人が契約を結んでいる」などと主張し、兵士の増員に取り組んでいる姿勢をアピールしました。

一方で、プーチン大統領は「われわれは、敵が攻撃力を使い果たしていないという事実をみなければならない。多くの予備の部隊はまだ行動に移していない」と述べ、引き続きウクライナ軍の動きに警戒し、今後の備えを尽くすよう指示しました。〉（6月23日「ＮＨＫ ＮＥＷＳ ＷＥＢ」）

　他方、ウクライナは強気で、反転攻勢で「広大な領土を奪い返した」と主張する。

〈これに対し、22日、イギリスで会見したウクライナのシュミハリ首相は「われわれが準備を進めていた間にロシア側も準備していたため、行く手を阻む多くの地雷原があるが、わが軍はこの２週間で８つの集落を解放し、１１３平方キロメートルを超える広大な領土を奪い返した」と述べ、さらに前進を目指しているとしました。〉（前掲「ＮＨＫ ＮＥＷＳ ＷＥＢ」）

　現在、ロシアはウクライナ領の12・5％、12万５０００平方キロメートルを実効支配下に置いている。これを分母とすると、ウクライナ軍が今回奪還した「広大な領土」は、１１３／１２５０００（０・０９０４％）に過ぎない。ロシアによる占領地をウクライナはほとんど取り戻せていないというのが実態だ。

　この戦争の見通しはどうなるのだろうか。興味深いのが、東西冷戦期にソ連から秘密裏にユダヤ人をイスラエルに出国させる工作に従事したイスラエルの秘密組織

「ナチーブ」（ヘブライ語で〝道〟の意味の秘密工作員として活躍し、1992〜99年、この組織の長官をつとめたヨッシャ（ヤコブ）・ケドミー氏の見方だ。

国営「ロシア・テレビ」の政治討論番組『ウラジーミル・ソロビヨフとの夕べ』は、ロシア世論に無視できない影響を与えている。6月2日未明のこの放送でケドミー氏がウクライナ戦争の見通しについて、こう述べた。

「NATO（北大西洋条約機構）はロシアとの戦闘を死ぬほど恐れている。同時にNATOは自分たちが負けるとは思っていない。西側がNATOにウクライナを加えることはない。それがロシアとの戦争行動につながると理解しているからだ。二つの命題『ウクライナはウクライナで勝利しなくてはならない』『ロシアはウクライナで勝利しなくてはならない』を比較してみよう。どのような違いがあるだろうか？　ロシアは勝利する可能性があるが、ウクライナが勝利する可能性はない。このことを西側は信じようとしない。西側は一度も勝利しない可能性について考えたことがない。いつそれについて考え始めるであろうか？　ベトナム戦争の例に即して考えてみよう。毎週、額を机に叩きつけられて、頭蓋が床に叩きつけられ、骨が折れる音が聞こえるようになった時である」

〜まえがきにかえて〜

ウクライナの反転攻勢を徹底的に撃退し、その事実が可視化されない限り、停戦の基盤はできないとケドミー氏は考えているようだ。私もケドミー氏と同じ認識で、アメリカによって管理されたこの戦争でウクライナが勝利する可能性はないと見ている。その理由は本書を読んでいただければよくわかっていただけると思う。犠牲者を一人でも減らすために即時停戦に踏み切る必要がある、というのが鈴木宗男氏と私の共通した意見だ。

忙しい中、この対談の相手をつとめていただいた鈴木宗男参議院議員（日本維新の会、新党大地）に感謝します。本書は徳間書店の加々見正史氏の御尽力なくしては実現しませんでした。どうもありがとうございます。

2023年6月23日、
腎臓移植手術のため入院中の東京女子医大附属病院中央病棟にて、

佐藤優

ウクライナの反転攻勢は、どうなるか
～まえがきにかえて～ 1

第1章

ウクライナ戦争はどこで間違えたのか

すべての人が外してしまったこと 16
アメリカの影響力が及ばなくなった世界 21
破られた合意と機能しない覚書 25
ミンクス合意がウクライナの主権を保護していた 28
ロシアは国際法を無視しないが濫用する 31
ウクライナ軍と称する米英傭兵部隊 33
アメリカの目的はウクライナの勝利ではない 36

第2章

覇権国家アメリカ、終わりの始まり

軍事作戦か、事変か、紛争か、戦争か　44
再び世界の警察官の座を目論むが……　47
負け組アメリカに引きずられる日本　50
ウクライナを勝たせるつもりがない武器支援　54
アメリカが狙う日韓欧露の弱体化　58
バイデン大統領とカトリック教徒の理屈　65

第3章 日本外交がうまくいっている奇跡

岸田総理「必勝しゃもじ」の衝撃 72
ロシアとのビジネスは是々非々の奏功 77
岸田政権後に日露関係は修復できる 81
岸田総理地元の広島ガスとロシアの関係 87

第4章 メディアの戦争扇動で見えなくなるもの

英語圏の情報源に頼るメディアの偏向 94

スティーブン・セガールが見た米露の違和感 98
ワグネルのクーデター未遂の背景 101
効力のないプーチン大統領への逮捕状 106
反プーチン論客さえも「戦争はやむを得ない」 108
肚の据わった日本のロシア識者は極めて少ない 112
防衛族議員らの勇ましい発言の理由 117
武器提供は旧兵器の在庫一掃だった 120

第5章

ロシアを悪魔化させる情報戦争

西側を悪魔崇拝者と断定したプーチン大統領 124
経済制裁が響かないロシアの生活文化 128

第6章

私たちが対面したプーチン大統領の真実

経済安全保障の利いた国家体制　133
バイデン後のアメリカは戦争に傾倒するか　137
ウクライナ特務機関が狙ったロシア系言論人　142
自国に不利な場面も報道するロシアメディア　145
ロシア版『朝まで生テレビ！』の濃密討論　149
プーチン大統領の目に光った人情家の涙　154
人払いした場でプーチン大統領からの「お願い」　158
対外情報庁の裏ルートからの極秘調査　162

ロシア要人はなぜ現金を受け取らないのか　165
外務省の在ウクライナ大使との再会と奇縁　168

第7章 私たちの「安倍晋三総理と日露」回顧録

アメリカと同じ立ち位置ではいけない　174
安倍政権と岸田政権の根本的な差　177
露中北そして韓が連携することの危惧　180
あえて語らなかったプーチン大統領との信頼関係　185
官邸で見せた安倍総理の大きなため息　188
プーチン大統領はなぜ「引き分け」と言ったのか　193

「安倍政権は1年でつぶれる」外務省OBの怪文書　197
領土問題を面積だけで語るなかれ　203

第8章 ウクライナ戦争後の世界を生き残るには

ウクライナの人に失礼すぎる支援物資　208
G20国家が世界を動かしていく　211
「植民地の英語」を使わされてはならない　214
アングロサクソンが強くなりすぎてしまった　217
脱アメリカを目論むヨーロッパ　220
ポーランドとウクライナの協働に気をつけろ　222

創価学会名誉会長の存在感と「即時停戦」の希望　226
ウクライナの役割を日本に担わせるアメリカ　232
「次は台湾有事」と主張する大国の思惑　236
アメリカのインテリジェンスの終焉　241
戦争を煽ってはならない。一にも二にも「停戦」を
～あとがきにかえて～　244

第1章

ウクライナ戦争はどこで間違えたのか

すべての人が外してしまったこと

佐藤　鈴木先生、ロシアによるウクライナ侵攻が始まっておよそ1年半、どうご覧になっていましたか？

鈴木　ウクライナを応援すること以外を語る者には、ひどい批判が寄せられました。私も佐藤さんも、日露交渉に携わってきた立場ですから、ロシアについては結構知る立場にある。そのうえで、ロシアについて解説した程度でも「ロシア寄りだ！」と強い反発を受けることはたびたびありましたね。

佐藤　とくにインターネット上は、悪辣《あくらつ》な言葉だらけでした。プーチン大統領が踏み切った軍事作戦は、現行の国際法に違反しています。それに踏み切ってしまったロシアは、かつての東西冷戦終結直後のロシアとは変質しています。だからこそロシアおよびプーチン大統領の狙いを知る必要がある。現実的脅威となってしまったからこそ、従来のロシア観は改めなければならない、私はメディアでの発言、この間に書いたウクライナ戦争に関する書物でも、一貫してそれを訴えてきました。戦争当事者であるロシア側の内在的論理を把握しなければ、この戦争はわからない。

停戦への糸口は、当事者国の肚《はら》を知るということが何より大切なのですから。

鈴木 その通りです。ただ、マスコミはウクライナへの同情一辺倒のニュースばかりを流し続けています。ロシア側からの情報はほぼ黙殺されています。

佐藤 戦時下においては、互いをあしざまに非難する「情報戦争」となるのは当たり前です。1年半が経過した現在でも、その状況に変わりはありません。戦争が終結しない限り、客観的な検証などは不可能です。戦争を総括するということではなく、途中経過としての1年半を振り返ってみたいと思います。

鈴木 戦闘は長期化の様相ですが、佐藤さんから見て、これまでにおける当事者国、関係国の見込み違いというか、間違った判断だったと思われるところはどこでしょう？

佐藤 すべての人が外してしまった事柄が、大きく二つあると考えます。一つは当初、ウクライナはロシア軍の圧倒的な軍事力によって1週間程度で占領されてしまうのではないか、という見方が主流を占めていました。これは大きく外れました。その理由は、ウクライナが頑強な抵抗を示したということよりも、「西側連合」が全力を挙げてウクライナに対して資金と共に兵器を供給したからです。

鈴木　本来であれば、ウクライナだけの力では、大国ロシアを相手に戦うことは恐らくできません。西側連合という後ろ盾がついたから、1年を超える戦争を続けることができているのでしょう。

佐藤　さらに、二つ目としては、意外にもロシア経済がたびたびの経済制裁にもかかわらず、持ちこたえているということです。たぶん、侵略が始まったころ、大多数の人の見方は、ロシアが軍事的には勝利するのだろうけれど、西側陣営からの経済制裁によって、ルーブルは暴落、ロシアの国家財政は立ち行かなくなって、プーチン政権は内部から崩れていくと予測していた。以上の二つの予測が外れました。

鈴木　ロシア経済は日本人が想像している以上にしっかりとしていました。2014年のクリミア併合のときにも、ロシアは厳しい経済制裁を受けていましたが持ちこたえた、というよりもむしろ成長しています。

佐藤　ここまで長期化するとは、私自身も思っていませんでした。ここまで大規模かつ長期化してしまった、この戦争のポイント・オブ・ノーリターン（引き返し不可能点）はどこかを考えてみると、間違いなく「ブチャの虐殺」にあると思うのです。

ブチャの虐殺　ロシアが2022年2月24日にウクライナへの特別軍事作戦を開始して以後、首都キーウへ侵攻。キーウ州の都市ブチャに入り、同市を占拠した。その後、3月末にかけてウクライナ軍の激しい反撃と抵抗によって、ロシア軍はブチャから完全撤退し、キーウ州全体を奪還したが、ブチャには多数の遺体と集団墓地があることが判明。キーウ近郊の複数地域での犠牲者はウクライナ側の発表では410人とされている。ロシア軍による虐殺であると、ウクライナおよび国際機関はロシアを非難しているが、ロシア政府は虐殺行為への関与を否定している。

鈴木　これもロシアとウクライナの主張は一致していません。戦争中は相手国の残虐行為を諸外国に向けて宣伝するのが普通です。どちらの言い分が真実なのか、まだ、現時点でも判断はできませんね。

佐藤　その通りです。ブチャの虐殺によって、それまでトルコのイスタンブールで行われていたロシアとウクライナの代表団の間での対面による停戦交渉は、完全に中断されました。停戦協議のテーブルについたことで、いったんは解決への道筋が期待されたものの、以後、一度も和平交渉はできなくなっています。

鈴木　トルコが仲介したということも興味深かったですね。トルコは黒海を挟んでロシアとウクライナに向き合う地理的な近さもありますし、トルコには両国からの観光収入が見込まれています。農作物の輸出先としても、かなり大きな存在でもあります。経済的につながっているものの、トルコはＮＡＴＯ（北大西洋条約機構）加盟国ですからね。

佐藤　ロシアが脅威とみなしているＮＡＴＯに加わっていながら、ロシアから迎撃ミサイルを輸入しましたし、その一方でウクライナに向けて攻撃型ドローンを売ってもいます。軍事侵攻が始まる前に行われたウクライナのゼレンスキー大統領との会談で、トルコのエルドアン大統領は、攻撃型ドローンをウクライナで生産することにも合意しています。まるで「死の商人」のごとき振る舞いをしていました。それが停戦交渉の仲介をかって出ているのも、奇妙なめぐり合わせですが、この停戦交渉が中断されてしまったことで、外交による問題解決という線は消えてしまったのです。

鈴木　ここからさらに、戦況が悪化していった印象はありますね。西側連合、とくにアメリカによるウクライナへの軍事支援がケタ違いになっていきます。それまでは本格的な支援ではなかったのですが、ブチャの虐殺が引き金となって、殺傷能力のある兵器の提供が10倍以上になったと聞いています。

アメリカの影響力が及ばなくなった世界

佐藤　戦争の本質が変わったのだと思います。詳しくは後述しますが、ウクライナ戦争は単なるロシアとウクライナの二国間戦争ではなくなって、西側陣営とロシアおよびその関係国家の間における「価値観戦争」に変質しました。西側陣営の言葉でいえば、「民主主義国家と独裁国家の対立」ということになるのでしょう。もはや敵を殲滅《せんめつ》するか完全に屈服させるかしない限り、戦争は終わらなくなってしまったも同然なのです。

鈴木　地域紛争レベルの対立ではなくなってしまいました。

佐藤　この状況を大きな流れで見れば、西側陣営の読み違いというミスに加えて、アメリカという国家が非常に弱くなっていることが根本にあります。それはとくに中東における覇権が急速に弱体化していることが顕著です。アメリカにとっての中東は、産油国との関係に加えて、同盟国であるイスラエルを擁護する観点からも特別な場所です。

イラン核施設から高濃度ウラン見つかる

――２０２３年１月にＩＡＥＡがイラン中

ところが、２０２３年2月に、イランの核施設をＩＡＥＡ（国際原子力機関）が調査した際に、83・７％の濃縮ウランが見つかったときの対応は、これまでと大きく違っていました。この高い濃縮度は尋常ではなく、90％以上になれば核兵器に転用可能となるレベルです。イラン側はこの事態について「意図しない濃縮が起きてしまった」、つまり「間違えて起こってしまった」と言っているのですが、こんな間違いが偶発的に起こるはずがありません。この言い訳が許されるのであれば、「間違えて90％の濃縮ウランができてしまいました」と核兵器開発に用いる抜け道にもなってしまうわけです。

部にあるフォルドゥの核施設から採取したサンプルから、83・7％という高濃度ウランが検出された。それを受けてIAEAは2月末に加盟国に対してイランの核開発に関する報告書を提出。イラン側は「意図したものではない」とし、「核開発は平和利用が目的」と主張している。イランの核開発については、2018年のトランプ大統領によるイラン核合意（JCPOA：アメリカ、イギリス、フランス、ロシア、中国、ドイツ、イランが2015年に締結したイランの核兵器開発縮小のための国際合意）からの離脱以来、ウラン濃縮度の上限3・67％を大幅に超えるレベルで進められていた。

鈴木　そうですね。そんな理屈は通用しません。通常であれば、アメリカは航空母艦などをイラン牽制のために展開してくるはずです。なぜアメリカはそうした対応を取らなかったのでしょう？

佐藤　IAEAに丸投げしているのです。だからイランに手を出すことができない。さらに言えば、2023年3月に中国が仲介役になってサウジアラビアとイランが外交関係正常化に合意しました。サウジとイランは2016年1月、サウジ側が国内シーア派の宗教指導者らがテロにかかわったとして処刑をし、それを受けてシーア派の宗教国家であるイランでは在テヘランのサウジ大使館を襲撃、この出来事以来、外交関係を断絶してきました。そこに追い打ちをかけるように4月、シリア内戦（2011年）をめぐって関係が悪化していたサウジとシリアも国交正常化に動いています。これらのことにアメリカはまったく関与できていないのです。

鈴木　そういえば、ブラジルのルラ大統領が今年4月の訪中の際に、「なぜすべての国はドルで決済をしないといけないのか」と発言しましたよね。こういうことからもアメリカへの忖度《そんたく》がなくなってきている気はしますね。

佐藤　その通りです。ブラジルに対してもアメリカの影響力が及ばなくなっています。ところが、アメリカの力が弱くなっているがゆえに、アメリカは同盟国、その中でも潜在的な軍事力をまだ使えていなかった同盟国、具体的に言えば、ドイツと日本に対する締め付けを厳しくしてきています。この状況をわかりやすく言うなら、広域暴力団にたとえてみればいいと思います。その組織のシマ（縄張り）が減った分を直参《じきさん》（盃を交わした下部組織）に対する上納金を増やして補塡をする。あるいは本部当番などの役目を課したりする。西側陣営がウクライナへ送る資金や兵器を日本やドイツに供出させているのは、まさにこの構図だと思います。

破られた合意と機能しない覚書

鈴木　ウクライナをめぐる戦争は、さまざまな間違いの集積なのかもしれません。その中でも、私が強く思うのは、そもそものスタート時点です。なぜこういう事態になったのかということを冷静に考えれば、ことの発端はウクライナにある。現政権のゼレンスキー大統領にあるし、さらに言うと、その先代のポロシェンコ前大統領にもあるわけです。ポロシェンコ大統領時代、2014年9月にウクライナとロシアの間で結ばれた「ミンスク合意」、さらに翌年2月の「ミンスク2」がありますが、これが履行されなかったことが始まりでした。外交とは国家間における積み重ねであり、外交は「約束を守る」ということが筋です。

ミンスク合意　2014年9月にウクライナ東部のドンバス地域での停戦につ

いて合意した文書。ロシア、ウクライナ、ドネツクとルガンスクの両人民共和国が調印。ミンスクは調印の場所となったベラルーシの首都。だが、ドンバスでの停戦は失敗し、翌２０１５年２月にドイツとフランスの仲介によってミンスク２が調印された。停戦のほか、ウクライナからの外国部隊や傭兵の撤退、ウクライナ政府による国境管理の回復、東部の親ロシア派による支配地域に自治権を認める特別な地位を与えた恒久法の採択などが盛り込まれた。

佐藤　「約束はしたが、約束を守るとは言っていない」という外交上のレトリックのようなものはありますけれど、合意した文書を守るのは当然の義務ですし、当事者国としての責任でもあります。特に「ミンスク２」は、国連にも登録されている条約です。

鈴木　そのルールを守らなかったのは、どの国であったのかということが、このウクライナ戦争の捉え方からは欠落していると思います。私は少なくとも、２０２１年10月にウクライナ軍がトルコから買った攻撃型ドローンを親ロシア派がいる地域に向けて飛ばし、攻撃したことに問題があると思っています。今回の戦争に至る、ウクライナ側からの最初の攻撃です。この攻撃にプーチン大統領は「ロシア国民が殺される」と思ったことでしょう。あの地域には、ロシアのパスポートを持っている人が約70万人住んでいました。自国民が殺されるのをみすみす黙って見ていたら、プーチン大統領自身の政権基盤への影響も少なくはない。だからそこで、プーチン大統領は緊張感を持ち、国境に約10万人の兵を集結させた。ここが特別軍事行動開始のポイントとなったのです。

一方、バイデン大統領は「ロシアが攻めてくるぞ」と執拗に扇動しました。「攻めてくる」ということは、裏を返せば「攻めろ」と言っているのも同然です。それによって今度は、ウクライナが煽《あお》られて逆に強気になってきました。それでもプーチン大統領は自重していたのです。そして、特別軍事行動開始の直前となる２月19日、ミュンヘン安全保障会議でのゼレンスキー大統領の演説がありました。

佐藤　リモート参加となった場での演説ですね。各国からの軍事支援に遅れがあってはならない。旧約聖書のダビデが投石機を使って自分の何倍もある巨人を倒したことになぞらえて、今すぐ武力強化をする必要があると訴えていました。

鈴木　ロシアによる特別軍事行動開始の直前、ゼレンスキー大統領は１９９４年12

月に調印された「ブタペスト覚書」の再協議を呼びかけました。つまり、ソ連時代、ウクライナが放棄した核を戻せと受けとめられる演説でした。こうなると、ロシアとしてはまるで自分の目の前に銃口を突き付けられた格好となり、プーチン大統領としても看過はできなかったのです。

ブダペスト覚書　1994年12月にハンガリーの首都ブダペストで行われたOSCE（欧州安全保障協力機構）の会議において、核保有国3か国（アメリカ、イギリス、ロシア）が署名。ウクライナが核不拡散条約に加盟して核兵器を放棄することを条件として、3か国が安全保障を約束するというもの。

ミンクス合意がウクライナの主権を保護していた

佐藤　プーチン大統領は、ウクライナ侵攻の直前となる2022年2月21日に国家安全保障会議を緊急開催しました。そこで親ロシア派武装勢力が実効支配していた地域についての独立を承認した。ルガンスク人民共和国とドネツク人民共和国です。

鈴木　会議後、プーチン大統領はテレビ演説に登場し、ＮＡＴＯの東方拡大を止めることを提案したが欧米からは無視された、と明かしました。

佐藤　ミンスク合意の順守は約束されていなかったということですね。

鈴木　そして、軍事作戦が開始される２０２２年２月24日を迎えることになったわけです。ただ、それ以前にも、ドイツとフランスが間に入ることで、ゼレンスキー大統領との対話の場を設けることへの提案はありました。プーチン大統領は承諾したものの、ゼレンスキー大統領はそのテーブルにはつかなかったのです。24日の侵攻の朝にゼレンスキー大統領側が「話し合いに応じてもいい」と言ってきても、ロシア側はもう受け付けられません。私はこのことにも戦争の長期化につながる間違いがあったと思っています。ゼレンスキー大統領が強気でふるまえた背景には、アメリカによる後押しがあることへの様子見があったと見ていますが、それらはすべてウクライナ側の誤算でもあったのでしょう。

佐藤　鈴木先生がおっしゃったように、重要なのはミンスク２でした。最初のミンスク合意とそれほど大きくは変わらないのですが、ウクライナの中の親ロシア派武装勢力が実効支配している地域に関しては、特別な統治体制をウクライナの憲法を改正して導入するとあった。なぜこれが重要かといえば、特別な統治体制が導入されれば、例えば外交条約などに関しては、この地域の同意がないとできないことになる。そうしたらウクライナのNATO加盟は阻止できる。しかも、ドネツク、ルガンスクはウクライナの主権下にあるという前提ですから、ウクライナの領土保全の意味合いもあるわけです。つまり、ミンスク2はロシアとして「これ以上下がることはできない」という提案であり、その約束を守ることでウクライナの主権は完全に保全されるという意味合いでした。

鈴木　当時のポロシェンコ政権は「これでいきます」と言って、ミンスク2の約束をしたわけですからね。それを政権が変わったからと言って、前の政権がやったことは継承できないというのは、さすがにめちゃくちゃな話です。しかも、ゼレンスキー氏は大統領選挙に出てきた時点では、ロシアとの関係を正常化させることを目指し、ポロシェンコ大統領は強硬すぎるから対話姿勢で対応していくと掲げて当選しています。明らかにちぐはぐなことをしている。

ロシアは国際法を無視しないが濫用する

佐藤　こうした展開になった背景には、ロシア側の読み違いもあったのは事実です。ロシア側の決定的なミスを挙げるとすれば、これはロシアの論理としてはやむを得ないことではありますが、２０２２年9月にウクライナの東部および南部４州（ドネツク、ルガンスク、ザポリージャ、ヘルソン）を併合したことです。これが４州併合ではなく、独立国家のドネツク人民共和国とルガンスク人民共和国からの要請に応じて集団的自衛権を行使して、その両人民共和国における実効支配を回復するという文脈であったら、ぎりぎりですが理屈は立った。

ちなみに、ドネツク人民共和国やルガンスク人民共和国をロシアが承認したことは国際法違反だと、日本および西側メディアは言っていますが、これはそう簡単な話ではないのです。侵攻直後の国会質問に鈴木先生が立たれて、岸田総理に尋ねておられましたが、国家の承認に関しては成文法としての国際法では、厳密なルールは定められていません。これは国際慣習法の領域です。

鈴木　国際法違反だと指摘されることが多いのですが、国際法とは何たるかと聞かれても、明文規定されたものではありません。慣習法で応用していると解釈すべきと思います。

佐藤　通常は領土があって、そこに人が住んでいて、実効支配ができて、なおかつその統治主体が国際法を守る意思があると言っていれば、これは国家として承認するという基準にはなっている。ドネツク人民共和国とルガンスク人民共和国は、一応その条件を満たしています。

国家承認の過去の例でいえば、南太平洋にあるニウエという人口約１７００人の小さな島を日本政府は２０１５年５月に承認しました。第二次安倍政権のときです。しかし、このニウエという国を、人権保障について問題があるとして世界のほとんどの国は承認していません。日本が承認に踏み切った背景には、２００７年に中国が初めて国家承認をしたことがあります。もしここで日本が承認しないと、ニウエに今後、中国が進出してくる。そうしたら安全保障上の脅威になるということへの対応だったわけです。ニウエの承認と、ドネツク人民共和国、ルガンスク人民共和国の承認のどこが違うのかと考えたときに、きちんと説明することは国際法学者であってもなかなか難しいでしょう。

国際法はいわゆる警察や裁判所によってカチッと決められたものではなく、非常に原始的な法体系だからなのです。ロシアに関して注意しなければいけないのは、ロシアは国際法を露骨に無視することはないものの、必ず何らかの理屈をつけてくる。つまり、国際法を濫用するということです。

ウクライナ軍と称する米英傭兵部隊

鈴木　では、4州の併合に関して、なぜロシアは踏み切ったのか。これはその直前に、ハリコフ州でウクライナが攻勢をかけて、それまでロシアが実効支配していた領域をだいぶ取り返したからだという見方があります。

佐藤　これに関しては、アメリカがウクライナに情報提供していました。ここが手薄だと。もともとハリコフにはロシア語を喋る人が多く、対ロシア感情は決して悪くはない。比較的統治もうまくいっていましたし、それゆえにロシアも南のほうへと軍を駐留することができていたわけです。それを西側陣営は、軍事衛星と早期警戒管制機AWACSで情報を取り、「ここを攻めろ」と指示し、ロシア兵のおよそ7倍くらいの人数のウクライナ兵で攻めてきました。これは軍事関連の教科書に記載されていることですが、自軍と敵軍の比率が1対3以上になった場合、捕虜になるか殲滅されるかしかない。またこれも教科書通りですが、そうなったら、全滅を避けるためにはどうしたらいいかを考える。

川の反対側、向こう岸に行けばいい。だから今回、ウクライナのロシアが実効支配している地域での戦闘を見ると、すべて川の位置で決まっています。これはもう古典的な軍事教科書のセオリー通りなんですね。

鈴木　ロシアはそこで怒り心頭となってしまうわけです。越境して攻めてきたウクライナ軍の指揮を執っていた部隊が、実はイギリスとアメリカの傭兵部隊だったんですからね。

佐藤　その通りです。このことはロシア政府系テレビ・第一チャンネルの討論番組『グレート・ゲーム』の中で、元対外諜報庁中将のレシェトニコフ氏が明言しています。我々は完全な証拠を持っている、英語の盗聴記録もある、と。ウクライナ軍ではなく、実質はアメリカ軍、イギリス軍が実際に最前線に入っていた。これはけしからん話ではないかと言っています。それと同時に、ロシアはザポロジエ州とヘルソン州のかなりの領域を占領していました。そうしたら、ザポロジエとヘルソンの住人が、ウクライナが同じような攻勢をかけてきたとき、今回のハリコフのような激戦地になるのではないか、それならばいっそ「ロシアに併合してほしい」となっても不自然ではありません。ロシア領であればロシア軍が完全に守ってくれる。

鈴木　そうですね。ここでもロシア編入の意思を確かめる住民投票を行っています。

佐藤　ただ、戦時下での住民投票の説得力は決して高くはありません。だから、ウクライナ戦争の過程におけるロシアのミスを挙げるのであれば、この4州併合だと思います。これを4州併合とせずに、あくまでもドネツク人民共和国とルガンスク人民共和国を解放するということであったなら、他国に侵攻して自国の領土を広げようとはしていないと説明もつくのですが、併合となれば、明らかに領土を広げていることになります。

鈴木　領土の広さということでいえば、現時点でウクライナの領土のうちロシアが実効支配をしているのは、約12万5000平方キロメートルだといいますね。

佐藤　そうですね。クリミアを入れて、ウクライナ全領土の20％を占めることになります。ところで少し前に、防衛研究所の庄司智孝氏が、ウクライナの善戦によって一時期は20％超の占領から10％程度まで盛り返しているとのコメントが出されていましたが、この占領地域は北海道と九州を合算した面積に等しい。日本に当てはめれば、北海道と九州を占領されているような状況下で、それをひっくり返すのはそう簡単ではありません。

アメリカの目的はウクライナの勝利ではない

鈴木　ところで佐藤さん、これまでもたびたび触れていますけれど、ウクライナの後ろ盾であるアメリカの思惑が外れたことというと、何を挙げますか？

佐藤　アメリカは、今回のロシアとウクライナの戦争に、ここまで深入りすることになるとは思っていなかったでしょうね。とはいえ、アメリカはロシアと直接戦争はしたくない。ロシアは戦略核を持っているからです。ウクライナ戦争が始まってから、ロシアは新型ＩＣＢＭ（大陸間弾道ミサイル）の実験をしました。「サルマート」というミサイルです。これの最大の特徴は、ロシアから見て南極回りでアメリカ本土に到達するというものです。アメリカはロシアからミサイルが飛んでくるのは北極経由だと思っていますから、北方面に向けた防衛体制をとっていますが、逆の南側は手薄です。すっからかんと言ってもいいでしょう。南からくるミサイルは防御のしようがない。でも、事実、誰も想定しないような南極経由で着弾するミサイルをロシアは作っていたのです。

鈴木　核戦争を避けるためには、アメリカはロシアとの直接戦争を避けなければなりません。しかし、ウクライナ軍に対しては、アメリカの武器あるいは西側連合の武器を送り続けていて、実質、ロシア軍が対峙するのはアメリカ発の武器ということになる。この部分にアメリカとしての齟齬《そご》はありませんか?

佐藤　ウクライナ軍に供与している武器は、あくまでもウクライナ領内でロシアを放逐するためという「限定的な使用」であり、アメリカとロシアの直接対決にはあたりません。しかも、このウクライナ領に関しては、「新たに併合された４州はウクライナ領」という立場であるし、クリミアについては攻撃を控えるようにと指示している。２０２２年10月のクリミア大橋爆破が唯一の攻撃ですから、それくらいアメリカはウクライナによる勝手な戦闘に制限をかけているのでしょう。それゆえに、この戦争はウクライナは当事者のようでいて当事者国ではない。アメリカによって管理された戦争だということです。

鈴木　クリミア大橋は、ロシア本土とクリミア半島を結ぶ交通の要衝です。ここを破壊するということは、ロシアにとってのレッドラインですよね。ロシアがレッドラインと主張しているということは、ブラフではなく掛け値なしのレッドラインです。ウクライナが大橋を破壊して以来、ロシアは発電所、変電所、インフラ攻撃を開始した。ロシア側はすでに警告を出していたわけです。にもかかわらず、ウクライナ側は「ロシアによる自作自演」と当初は発表したけれども、現在は自らやったと爆破を認めている。結果的に、ますます停戦から遠ざかっているという認識が薄いと言わざるを得ません。

佐藤　そう思います。この戦争でアメリカが犯してしまったミスは、ロシアとの全面戦争になることを避けるために、ウクライナを勝利させるための支援ができない枠組みをつくっているということです。

鈴木　アメリカにとってのこの戦争の目的とは、いったいなんだと考えますか？

佐藤　ウクライナを勝利させることではありません。ウクライナを使ってロシアを弱体化させることです。戦費はかかるものの、だらだらと戦争を続けさせることでロシアが弱ればいいのだと思っているのでしょう。それこそ、牛のよだれのようにいつまでも流れ続けるように。仮にこの戦争を道義的に捉え、アメリカが掲げる自由と民主主義の尊重という観点で考えるのであれば、アメリカは自分たちで出ていくのが筋でしょう。しかし、実際にそれをするつもりはない。ロシアとウクライナの戦争は、いわばスラブ人の兄弟同士の殺し合いのようなものです。アメリカは、その中で自分たちの権益を拡大することを目論んでいるのだと思います。しかも、兵器の供給によって自国の基幹産業である軍産複合体には特需となるわけですからね。

鈴木　アメリカらしい発想ですね。軍産複合体が儲かれば、そこにお金を提供しているアメリカの金融資本にとっても莫大な利益が生まれます。しかも、ロシアからのガスの輸入が停止されていることで、ヨーロッパなどへの供給はアメリカ産のLNG（液化天然ガス）で代替されますから、ここでもアメリカは儲かる。

佐藤　まさに「戦争を食い物にしている」と捉えても、不自然ではありません。そ

いかと思います。

のあたりの肚の内が見えてしまったことも、アメリカにとっては大きなミスだと思います。

また、ウクライナに向けて供給された武器や資金については、無償ではありません。供給したものはいずれ返してもらうことになります。

鈴木　これは一応、貸与という形ですから、いずれは返してくれという立場です。

佐藤　莫大な金額になるでしょうから、ウクライナによる返済は無理です。返せないことがわかっていて、どうやって返してもらうのか。戦争後のウクライナの国家運営の中に組み込まれているのです。要するに、日本を含む西側連合が支配する仕組みをつくる、アメリカという巨大組織の枝葉として私たちは機能することになるのでしょう。

鈴木　アメリカと共にロシアと対峙してきた西側陣営の諸国については、どう見ていますか？

佐藤　イギリス、ポーランド、バルト三国（リトアニア、ラトビア、エストニア）は、アメリカよりも強硬にロシアと対峙すべきという姿勢を取っています。それ以外のヨーロッパ、とくにドイツとフランスについては、完全にアメリカの言いなりになっている印象が強かったのですが、ここに来て、フランスが外交面で独自性を発揮しはじめています。例えば、フランスのマクロン大統領は、中国との関係の中で独自性を発揮しようとしています。2023年4月7日に、訪中したマクロン大統領は習近平国家主席と非公式会談を行い、ウクライナ戦争について、「早期の停戦が世界の利益になる。政治的解決こそが唯一の正しい道だ」として、フランスと中国が多くの国際問題について同じ視座であると話しています。

第2章

覇権国家アメリカ、終わりの始まり

軍事作戦か、事変か、紛争か、戦争か

佐藤　今回の戦闘行為を、ロシア側は「特別軍事作戦」としていますが、客観的に見て、明らかに「戦争」です。ただ、通常の戦争と異なるのは、両国とも宣戦布告をしていないということです。日本の過去の例で考えると、「事変」に近いのかもしれません。「志那事変」とか、「満州事変」とか。

鈴木　「紛争」ではなく？

佐藤　実質上の戦争なのですが、宣戦布告がないということと、広義の非常事態からの戦闘行為という意味で、事変に近いです。紛争だと言うと、5人くらいで殴り合う行為だって紛争に属するから、ちょっと意味合いが異なる気がします。

鈴木　「特別軍事作戦」という翻訳についてはどうでしょう。

佐藤　おそらく、戦前であれば事変と訳したと思います。それと、ノモンハン事件とか、比較的小規模な戦争を「事件」と言って、これも事実上の戦争ではあるのですが、区別化している印象はあります。基本的な考え方としては、宣戦布告をしているのか否かでしょう。戦争という扱いになると、国際法的には、当事者国同士の

これまでの外交関係とか貿易関係のルールは全部消えてしまいます。今回のケースで言えば、例えば、ロシアはウクライナにパイプラインでガスを送っています。西側陣営に対しても同様です。一時的な停止や停止延長の形でストップしているところもありますが、戦争という認識になれば、完全停止になります。

鈴木　いわゆる国際法という観点での戦争は、まず起きませんね。

佐藤　そうです。さらに、ロシアの特別軍事作戦を「侵略」かどうかと言えば、客観的に見て侵略です。ただし、ロシアは侵略ではないと言っている。

鈴木　「侵攻」と「侵略」は、外交的な捉え方として、英語では「ｉｎｖａｓｉｏｎ」で、同じ語を使っていると思いますが？

佐藤　まったく一緒です。

鈴木　個人的な感覚で言うと、侵攻のほうが柔らかい感じがします。

佐藤　日本はあえて侵略とか言わないで、侵攻と言い続けておけばよかったのだと思います。それに侵略という言葉にも、実は定義がないのです。何をもって侵略とするかには、明確な基準がありません。紛争と解釈すると、事実としての戦闘が起きていて、当事者国同士の関係はフラットに見えます。侵攻だと、どちらかが攻めているという意味合いを含む。侵略も同じですね。

鈴木　２０２２年６月のクアッド（ＱＵＡＤ：日米豪印戦略対話）での共同声明の際にも、だから、ロシアによるウクライナへの「侵略」ではなく、両国間の「紛争」としています。インドのモディ首相の主張が通った形でした。私はこれを、賢明な知恵だと受けとめました。

佐藤　国際法は非常にプリミティブ（根源的）な法律であり、侵略とは何かとかの定義はないのです。私は、これは戦争だと捉えています。ただし、ロシアとウクライナの戦争ではなくなっている。ロシアと西側陣営、さらに言えば、ロシアとアメリカによる戦争です。だから、ウクライナは絶対の当事者国ではない。ウクライナによる攻撃は、アメリカによって管理されています。

鈴木　アメリカの目論見は何かと問われれば、ロシアの弱体化なのでしょうけれど、そこに明確な戦略が見えてきません。

佐藤　そう、かなり場当たり的です。当初、ロシアとウクライナの二国間の問題だったのが、ブチャの虐殺から明らかに情報戦の色彩が濃くなってきたということは、すでに触れたとおりです。あれだけの人数を本当にロシア軍は殺しているのか。あるいは、ウクライナ軍が殺している人たちはいないのか。空爆で亡くなっている人もいるんじゃないか――映像や報道だけでは真相は見えてきません。戦時下における虐殺は、必ずこれは情報戦になる。「残虐宣伝」はどの国でも行うことなのです。日本だって１９３７年に起こった中国の日本人居留民虐殺の「通州事件」とか、さらにそれ以前の１９２０年にロシアで在留邦人が殺害された「ニコラエフスク事件」とかもあった。こういった出来事は、戦争が終わってかなり時間がたたないと、真相は明らかにはなりませんでした。

鈴木　第二次世界大戦も、終戦からサンフランシスコ講和条約まで5年かかりました。

再び世界の警察官の座を目論むが……

佐藤　繰り返しになりますが、ブチャの虐殺で二つのことが変わりました。停戦交渉が完全に潰《つい》えてしまったこと、そして、西側、とくにアメリカからの軍事支援がケタ違いに大きくなったことです。ただし、西側が提供した武器によって、ウクライナがロシア本土への攻撃を行ったりすれば、アメリカも当事者国となる。そうなると、核戦争のリスクが一気に高まります。だからアメリカは、ロシアとの直接交戦にならない範囲でしかウクライナを支援しない。繰り返しますが、アメリカの目的は、ウクライナを勝利させることでなく、ウクライナを使ってロシアを弱体化させることです。一方、ゼレンスキー政権はどうなっているかというと、アメリカの意向のままに今後も動くという。歴史の例で言えば、ベトナム戦争のときにアメリカの支援を受けていた南ベトナムの政権のようになってきています。

鈴木　ロシアの弱体化というと、アメリカは具体的にどうしたいのでしょうか。

佐藤　究極的な目標としては、ロシアをバラバラにしたいのです。アメリカが考える解体後のロシアは、モスクワかサンクトペテルブルクを中央に置いた中堅国家です。ブリアートはブリアートで独立、チェチェンはチェチェンで独立して、ロシアを完全に解体してしまいたい。それが今なお、アメリカの目標になっています。

鈴木　ロシア側も、それをよくわかっているのでしょう。ロシアにとって、もはや敵はウクライナではない。敵は西側連合、なかんずくアメリカであるということですね。

佐藤　その通りです。それだけアメリカの国力も下がっている。これまでのような「世界の警察官」として、地球上のあらゆる紛争地区に派兵するようなことは、もはや無理です。トランプ前大統領は「アメリカファースト」という自国優先の発想から世界の警察官を下りたけれど、バイデン大統領は民主主義VS独裁という対立軸をつくり、価値観を強調することで再び世界の警察官になろうとしています。しかし、その実力は今のアメリカにはない。アメリカにしてみれば、再び価値観によって世界全体を席巻したいと思っているのですが、それは極めて難しい。

鈴木　世界的にはアメリカは弱っているから、日本への負担を求めてくるのでしょうけれど、これをあまり考えのレベルの高くない人たちが、「日米同盟が強まっている」と捉えてしまっているのが、私には理解不能です。ロシアの弱体化とアメリカの弱体化、どちらのほうが早いと思いますか？

佐藤　アメリカでしょうね。根本的な理由を言えば、ロシアは物を作ることができますが、アメリカは物を作れないという違いからです。

負け組アメリカに引きずられる日本

佐藤　フランスの人口統計学者エマニュエル・トッド氏の著書『我々はどこから来て、今どこにいるのか？／上：アングロサクソンがなぜ覇権を握ったか』（文藝春秋）で的確な指摘がされています。その概要を挙げてみます。

経済のグローバリゼーションが進んでいく中で、大きな分岐が生じた。それは「生産よりも消費する国家」と「消費よりも生産する国」に分かれていった。前者は主に西側陣営の国家、後者は西側、とくにアメリカの目論見と対立するロシア、中国、インド。ロシアは天然ガス、兵器、農作物を、中国は工業生産物を、インドは医薬品やソフトウェアを生産し、世界市場に供給している。しかし西側、とくにアメリカ、イギリス、フランスは自国の産業基盤を失っている。そして、消費に特化する国家と生産に特化する国家は、極端な相互依存関係にある――。

依存しながらも対立しているのが、現在の戦争の構図であり、それゆえに極めて奇妙な戦争が発生している。ウクライナ戦争は、まさにその対立が背景にあることがはっきりとわかります。

鈴木　フィリピンやベトナムはどちら側ですか？

佐藤　生産できる国です。インドネシアもそう。日本もまだ生産ができる側に属しています。本来であれば、インドと同じ立ち位置になったほうが国益につながります。でも、岸田総理は口先ではアメリカと歩調を合わせてロシアを非難しているけれど、ロシアに対して日本の領空を開けているし、ビジネスの関係も続いている。

それから日本経済新聞にこの間出ていた、財務省理財局が大株主のＪＴ（日本たばこ産業）の利益の４分の１がロシア事業だということも、政府が本気でロシアとの経済関係を断つつもりならば、その意向を汲んで、国策としてロシア事業をやめようと思えばやめられるはずなのに、やめていない。だから、客観的に見て日本は、実はインドに近いんです。

鈴木　消費する国と生産する国の依存しながらの対立、この先に勝ち残る国は現れるのでしょうか。いわゆる次の覇権国家がどこになるのか。

佐藤　次の覇権国家は出てこないでしょう。ひとつの覇権が全体を統《す》べるのではなく、「多極化」していくのだと思います。ロシアも一つの極ですし、中国も一つの極。イランももう一つの極になりうるし、トルコもそう。東南アジアを見ても、ベトナムは一つの極になり得る。インドネシアだって近い将来、一つの極になっていく。もはや、アメリカの価値観で世界を覆うことは無理なのです。

鈴木　そういう意味では、今回、日本は「負け組」と組んでいるということになりませんか？

佐藤　そういうことになります。ただ、アメリカという負け組の中に入っている割には、日本はお金は大して払っていないし、殺傷能力を持つ兵器の軍事支援は全然やっていない。だから非常に良い立ち位置になっているわけです。このごまかしがいつまで通るかですね。ただ、これは日本が意図的にやっているわけではなく、なんとなくこうなっている。なんとなくやっているということは、なかなか変わらないということでもあるのかもしれません。

鈴木　実質をわかっていなくて、引きずられているだけなんだけれども、引きずられながらも話を合わせている。なかなかできない芸当ですね。やはり、地理的関係を考えると、東アジア、そしてロシアと敵対することを、１万キロ離れたアメリカと、８０００キロ離れたウクライナに同調するばかりで果たして良いのかという疑問は残りますね。

佐藤　ロシアが日本に攻めてくるというわけではないですからね。

鈴木　私が解せないのは、先にロシアが手を出したことは事実ですが、その元をつくったのは誰なのかという議論はなぜなされないのか。また、過去の約束を守らなかったのはどこか。

佐藤　これはある意味わかりやすいのです。すでに喧嘩は始まっているわけだから、真相を知るとウクライナとアメリカにとって都合が悪い。トッド氏が「奇妙な戦争」と喝破したように、この戦争はあまり筋のいい戦争ではないのです。５月末あたりからウクライナによる「反転攻勢」が始まるという予測が頻出していましたが、これが実際に始まれば、お互いに消耗戦になる。消耗戦における勝ち負けは非常に重要ですが、そうなれば、どちらのほうが総合体力があるのかが雌雄を決することになります。自ずと答えは見えてくると思いますが、鈴木先生、ウクライナの反転攻勢は、こうした状況下でも果たして奏功すると思われますか？

鈴木　思えませんね。

佐藤　私は不発に終わると思います。

ウクライナを勝たせるつもりがない武器支援

鈴木　この戦いはウクライナが勝つんだと、そもそもそれが前提のように言う人がいるけれど、どう思われますか?

佐藤　それこそ、3月21日に岸田文雄総理がキーウ訪問に持ち込んだしゃもじ、あそこに書かれた「必勝」の信念のようなものです。

鈴木　だからこそ、一兵になっても戦うというような危険な空気を、ゼレンスキー大統領の巧みな演説によってウクライナ国内に蔓延させてはならないと私は思うのです。アメリカとヨーロッパが武器支援をしなくなれば、ケリはつく。双方の尊い命がこれ以上失われることがないように、政治リーダーたちは全力で戦争を停めなければなりません。

第2章

覇権国家アメリカ、終わりの始まり

ゼレンスキー大統領に、この戦争の決定権はない。バイデン大統領はこの戦争によって、ロシアの弱体化を狙っている。(2023年5月21日、広島サミットにて)

佐藤　その通りです。ウクライナを勝たせるつもりもないのに、武器支援などするべきではない。即刻やめることです。

鈴木　引き延ばし戦術が長引けば、人が多く死んでいってしまうわけですから。

佐藤　ゼレンスキー大統領は、もはやこの戦争の決定権を持っていません。現状のウクライナはますます大変な状況になっており、反転攻勢のために西側陣営に対してもっと武器供与をしてほしいと言っています。しかし、ここで攻勢に転じて失敗してしまったら終わりだし、攻勢に出なければ出ないで、それでも立場は終わってしまう。前も後もないのです。武器供与を受けたとしても、まずは、武器をきちんと使うことができるのかという問題もあります。

鈴木　この季節のウクライナは、雪や氷がとけてかなりぬかるんでいます。例えば、重量のある戦車は、移動が困難になる場所が少なくはありません。

佐藤　陸路で自走していくことは不可能ですから、列車に載せて鉄路での移動になります。そして、戦車の重量は非常に重い。60トン近いものがざらです。

鈴木　今、ウクライナに提供されているドイツ製の戦車は他国の戦車に比べて、実に重いんです。それを運べる能力のある列車を確保しなければなりません。

佐藤　そして、仮に積載して移動できることになったとしても、今度は、途中で通過する橋梁がもたない。老朽化しているということ以前に、そもそも橋の設計が西側の戦車の重量を計算したものではないところが多いのです。だから、船で川を渡すことになる。

鈴木　そうですね。あとは燃費の悪さです。燃料1リットルで約500メートル走れるかどうか。ちなみに、イギリスの「エイブラムス」戦車は、約240メートルです。

佐藤　そのために使用する燃料は、潤沢に確保できるのかどうかも懸念される部分ですね。

鈴木　鉄道での移動は、たぶん無理です。最前線では破壊されているところも多いでしょうから、鉄道自体も機能させるのは難しい。

佐藤　もっと武器を供与してくれといくら懇願しても、戦車に兵員輸送車を全部合わせてきちんとした運用ができるかは疑問です。

鈴木　どんなオペレーションになっているのか、ちょっと見当もつかない。

佐藤　ウクライナ軍を現場指揮している人間に、少なからずアメリカやイギリス側の傭兵がいると思われます。ウクライナ軍との調整も難しいでしょう。

鈴木　ロシア（旧ソ連を含む）仕様とＮＡＴＯ仕様では、技術的な使い方をはじめ、軍事システムが全然違いますからね。

アメリカが狙う日韓欧露の弱体化

佐藤　果たして、ウクライナ軍が近代的な軍隊として機能しているのかどうか。ロシア軍がマリウポリを包囲した際、同市内にあるアゾフスタリ製鉄所に籠城し、抗戦を続けたアゾフ大隊がいました。２０２２年5月中旬に製鉄所を明け渡し、ロシア軍に投降していますが、あの部隊は２０１４年に内務省傘下でつくられた郷土防衛隊です。近代的な軍隊としての機能は期待できません。6月以降のウクライナによる攻勢も、ほとんどのケースでテロの域を出ていない。いわばゲリラ戦の様相です。

鈴木　つまり、それしか選択肢がないのでしょう。ロシア国内でプーチン大統領に近しい作家やジャーナリストを爆発物で狙ったりするのは、テロリストのやり口です。ロシア人がウクライナ側に使われているのでしょうか？

佐藤　両方のケースがあるでしょうね。

鈴木　ウクライナからロシアにテロリストが送り込まれているわけではないのですか。

佐藤　もちろん、ウクライナから送り込まれるケースもあるのでしょうけれど、ロシア国内でウクライナの特務機関からリクルートされて使われているロシア人のほうが多いと思います。逆に、ウクライナの中でロシア側も相当リクルートして工作員を獲得しているでしょう。

鈴木　一刻も早い停戦こそ、我々が望むところです。ただ、双方が銃を置くにはまだまだ時間がかかりそうです。

佐藤　朝鮮戦争が停戦に至るまでを振り返っても、1年近くの膠着《こうちゃく》状態を経ています。北朝鮮をソ連と中国が支援、韓国を実質のアメリカ軍である国連軍が支援し、勝敗がつかない過程で、国連軍の司令官マッカーサーは核兵器の使用さえもほのめかした。膠着が解かれて停戦に至るきっかけは、ソ連の指導者スターリンの死でした。ウクライナ戦争の場合、今はまだ朝鮮戦争ほどの膠着状態になっている状況ではありません。だから、両国共にまだ勝てると思っている。この状況では、なかなか停戦にはなりにくい。

鈴木　ウクライナ側は本当に勝てると思っているのでしょうか。

佐藤　ゼレンスキー大統領は間違いなくそう思っています。

鈴木　第二次世界大戦での日本も、終戦1年前くらいまでは、勝てると思っていたはずです。大本営発表は、徹底して日本軍は目覚ましい戦果を上げているという虚報を流し続けていたわけですから。

佐藤　1945年になっても、東条英機元総理は、「まだいける」と踏んでいた。本土決戦になった場合にこそ底力が現れる。だからまだいけると、根拠のない自信を語るしかなかったのです。

鈴木　大本営発表に惑わされた失敗の本質を、ゼレンスキー大統領に伝えられるといいのですけれど。私にはやはり今の状況が、78年前の日本が犯した失敗とオーバーラップします。

佐藤　やはり自分の今の実力というものを、一国のリーダーはしっかりと把握していないと、国民を犠牲にしてしまいます。どこを相手に戦争をしているのかを冷静に考えたほうがいい。停戦は最終的な勝敗を決めるものではないし、その後の賠償や領土の扱いなどについては、停戦後に時間をかけて決めていくのが通例なのですから。ロシアが併合した地域を国際社会が認めるわけではないので、時間をかけて解決していけばいいと思います。

鈴木　停戦＝国境画定ではないですからね。日本がここで言うべきは、とにかくロシアもウクライナも銃を置きましょうということです。人の命の奪い合いはやめましょうと。

佐藤　そうです。命は失われたら戻ってこないのですから。停戦について誤解しているきらいもあるように思えます。ドネツク、ルガンスクの両共和国など併合した4州に国境線を引くのか否かは、これからの話し合いで決まることなのです。最終的に重要になるのは、現地に暮らしている人たちがどう考えるかなのです。

鈴木　それはまさに住民投票です。クリミアを見ても、あそこにはタタール人が今でも1割くらいいます。そもそもあそこはタタール人の地域だったんです。それをスターリンの血の粛清によって強制移住を強いられた。だから、クリミアの人たちにとっては、憎きソ連・ロシアなんです。

佐藤　ウクライナもロシアも一緒ですからね。

鈴木　ところが、2013年から14年にかけて起きたマイダン革命によってできたウクライナ政府よりもロシアのほうがいいと、住民たちが選択したのは事実です。プーチンのほうがマシだと住民が選んでいる。最終的に、生活者がどう判断するかですね。

佐藤　最後は政治ではない、生活者の判断に任せるべきなのです。クリミアにはウクライナに戻りたいと思っている人は極めて少数です。今回ロシアによって併合された4州がどうなっているかにしても、何の強制力もない中で住民の皆さんがどう思うのかということで決めればいい。例えば、中立的な第三者管轄のもとでの住民投票を行うとか、時間をかけて、国連やOSCE（欧州安全保障協力機構）などの監視のもとで開催すればいいと思います。

鈴木　停戦＝侵略者であるロシアを認めることだと勘違いしている人がいますが、そういうことではないんです。とにかく今は、一にも二にも銃を置くことです。

佐藤　その通りです。

鈴木 そこでしかるべき国や機関が入って、仲介して解決に導いていけばいい話であって。

佐藤 日本だって78年前の8月15日に停戦したわけですよね。そして9月2日にポツダム宣言を受け入れて降伏文書に調印した。そして、1952年4月には、サンフランシスコ講和条約が発効しました。これでアメリカやイギリスなどとの戦争状態が終わりました。ただし、奄美大島だって沖縄だって小笠原諸島だって、当時はまだアメリカの占領下でした。それらの島々は日本に帰ってこなかったのかというと、そうではなかった。朝鮮も満州も占領下に置かれていたけれど、満州は中国に返還されたし、朝鮮には北と南の二つの国ができた。占領していたアメリカやロシアのものになったわけではなかったのです。歴史に照らしてみれば、停戦＝占領された領土を奪われるということではありません。

鈴木 もう少し時間をかけた解決の道筋を考える必要がありますね。

佐藤 そのためにも、こんな殺し合いを続けていてはいけません。

鈴木 自前で戦えないならば、国家国民のことを考えると、降伏すべきです。

佐藤 戦争に限らず何でもそうなのですけれど、留意すべきは、誰がお金を出しているのかということです。お金をもらって戦争をしているのであれば、スポンサーの言うことに反することはできません。だから、先に触れた通り、ゼレンスキー大統領は独立したプレイヤーなのか、当事者能力はあるのかということなのです。アメリカは、ゼレンスキー大統領が戦うと言っている限り支援はするとしていますが、逆に、ゼレンスキー大統領に戦うということ以外、言えない状況をアメリカ側がつくっている。「やめます」と言ったら、その瞬間にゼレンスキー政権は終わりになる。

鈴木　アメリカにしてみれば、この戦争にはロシアの弱体化以外にも、アメリカの石油やガスを西側陣営の各国に向けて高く売ることができるといった、ビジネスの目論見もあります。もちろん、基幹産業である軍産複合体の利益にもなりますから。戦争を終わらせられないのは、アメリカのほうの事情もあるのでしょう。

佐藤　そうですね。それに、弱体化させるのはロシアだけでなく、ヨーロッパであり日本でもある。さらには、韓国です。韓国は今や武器輸出額が世界8位にまで伸びていて、ポーランドへの武器を提供するという案が出ています。ポーランドはウクライナの支援国であり、ウクライナからの避難民も多数受け入れている。首都ワルシャワについては、住民の17％がウクライナ人だといいます。韓国から提供された武器をポーランドがウクライナに流す可能性がある。そのからくりをロシアが見抜けないはずがありません。そんなことになれば、ロシアは韓国への報復として、北朝鮮への軍事協力を再開するでしょう。

鈴木　ドネツクやルガンスクには、アメリカのジャベリンとか、ウクライナ兵が捨てたスティンガーミサイルが山ほどあるのだと聞いています。

佐藤　そうです。その一部が全部北朝鮮に流れていくことは十分あり得る。北朝鮮はアメリカの兵器に関して、非常に興味を持っています。ウクライナに提供された兵員輸送車や戦車など、壊れたものであっても注目している。どこに脆弱性があるのかが、北朝鮮としても一番知りたい情報なのです。

バイデン大統領とカトリック教徒の理屈

佐藤　価値観のためにロシアを倒さなければならないのならば、アメリカとヨーロッパがロシアと直接戦争をしなければいけない。でも、その果てにあるのは核戦争で、それはできない。答えは見えているのです。最初から妥協しないといけない。

鈴木　対立する国同士に矛を収めさせるには、どうにかして折り合いをつけるしかない。ミンスク合意でつけた折り合いを守っていれば良かったのです。

佐藤　5月19日～21日に開催された広島サミットは、ゼレンスキー大統領の登場に話題をさらわれた感がありますが、そもそも政治的にG7なんていうものが存在しない。G7はもちろん、NATOも存在していない。これらのまとまりは、結局のところ、アメリカを中心とした同盟関係なんです。G7総体としての意向というものは存在せず、アメリカの主張に残りの6か国がどうやって合わせていくかです。加盟国に主体性がない。

鈴木　なぜアメリカは、ここまで戦争にのめり込んだのでしょう?

佐藤　それは、ジョー・バイデンという人物の性格によるものだと思います。

鈴木　バイデン大統領はプーチン大統領のことを「大統領になる資格がない男だ」とまで言いました。私に言わせれば、プーチン大統領にとっては「その言葉、のしをつけて返してやる」と言ってもいいレベルの侮辱だと思います。でも、プーチン大統領は打ち返しをしなかった。やわらかく皮肉は言っても、物を考えた言い方をしています。

佐藤　最初、バイデン大統領からの「殺人者だ」という発言に対してどう思うかとの問いに、「バイデン大統領のことはよく知っているが、とにかく健康には気を付けて」とプーチン大統領は言っています。これはレトリックではない、「生命」「健康を祈る」といったセリフで返している。

鈴木　私はこのやり取りを聞いただけでも、バイデン大統領よりもプーチン大統領のほうが胆力があると受け止めました。逆に、年長者で人生経験もあるはずのバイデン大統領のほうが感情的になっていて、子供じみた物言いになっているように思えます。こういうときに、喉元まで出かかっている怒りの言葉があったとしても、打ち返さずに受け止めておく、それが大国のリーダーではないでしょうか。プーチン大統領が「健康を祈る」と返したことは、非常に意味のある重い言葉だと思いますね。

佐藤　そうですね。胆力という意味では、この二人の場合、決して年の功が優位であるとは思えません。それで、アメリカがこの戦争にのめり込んだ理由は二つあると思います。一つは、バイデン大統領は価値観外交が好きな人で、しかも副大統領時代からウクライナには深く嚙んでいる。ポロシェンコ政権のときからですね。そしてもう一つが、これはあまり指摘する人がいないのだけれど、バイデン大統領がカトリックだということとも非常に関係していると思います。カトリックは普遍主義です。一方、トランプ氏は典型的なカルバン派のプロテスタントです。アメリカ一国だけあればいい。

要するに、プロテスタントの考え方というのは、旧約聖書を重視するんです。旧約聖書における「帝国」とは、すべて悪いものを指します。アッシリアやバビロニアですね。それとユダヤ人は、自らが神にもともと与えられた土地だけを守っていればいいという考え方です。こうした思想の影響を、カルバンやルターは受けている。だから、自分の国だけ守っていればいい、外に出ていくという発想があまりないわけです。

鈴木 アメリカファーストというトランプ氏が掲げたフレーズと共通しますね。

佐藤 そうです。逆に、カトリックは普遍的であり、単一の原理で世界を支配するということが原理です。だから、アメリカでカトリックの大統領だったのは過去に

２人しかいません。ケネディとバイデンだけです。ケネディ大統領時代の１９６２年にキューバ危機が起きたことと、今回、バイデン大統領のときにウクライナ戦争が起きていることを、私は偶然とは思えないのです。「正しさ」という価値観で世界全体を覆わないといけない、というカトリック的な考えが、非常に影響している。

鈴木　正しさ……独善的にも見えてしまいます。

佐藤　まさにそう思います。

第3章

日本外交がうまくいっている奇跡

岸田総理「必勝しゃもじ」の衝撃

鈴木　我が国日本のウクライナ戦争をめぐっての立ち位置に関して、佐藤さんは極めて面白い分析をされていますね。

佐藤　奇《く》しくも日本の外交策は、実によくできているんですよ。しかも、外相経験のある岸田文雄総理が巧みにふるまったわけでもなく、林芳正外相が際立って優れていたわけでもない。偶然の産物として、結果から言うとうまくいっている。岸田総理が3月21日、インド経由でキーウを電撃訪問しましたよね。ここで岸田総理は口ではものすごく激しいことを言っています。

鈴木　ロシアの侵攻は「違法で不当でいわれのない侵略」であり、「可能な限り最も強い言葉で非難」とか、極めて悪辣な行為だとロシアを批判しています。

佐藤　ところが、その一方でウクライナに対してどういう支援をしているのか。ウクライナが欲しいのは、殺傷能力のある武器、軍事支援なのですが、日本は現時点（2023年6月末）ではそれに応えていません。キーウ訪問の手土産として用意した支援金も、NATO信託基金を通じて提供すると約束した40億円です。しかも、殺傷能力を持たない装備に限定されます。この40億円というのが絶妙な金額でした。例えば、アメリカ空軍の最新鋭機F35で考えてみます。これを1機買うには約150億円必要ですから、40億円という支援金で考えれば、尾翼の部分くらいでしょうか。さらに言えば、高速道路。1キロ造るのに53億円くらいかかるとされています。高速道路に換算すれば、750メートル程度造れるレベルにすぎない。日本の国力に比して、かなり低い額だと言わざるをえないでしょう。

鈴木　キーウ訪問時に約束した金額は、明らかに国力に見合わない。よくこれで収めたものだと思います。これまでに日本がウクライナに拠出した支援金の総額は、軍事作戦開始から今年1月の段階までで約1600億円。アメリカが10兆円、EUが5兆円、イギリスが1兆1000億円ということからすれば、なおさら低い額で収まっていますね。アメリカは日本の約63倍ですから、国力による応分負担というわけではない。

この金額を見れば、なぜここまでウクライナを支援しなければならないのかという意見が、アメリカの世論の5割近くにまでのぼっていることもわかります。戦争による被害が大きくなればなるほど、国際社会への負担やダメージは大きくなるわけですから。

佐藤　その通りです。

鈴木　支援金については、本当に生きたお金になっているのか、という視点が欠けているように思います。

佐藤　支援金の行方を、トレースしておかなければならないですね。どこか途中で消えていないのか。アメリカでは、そうした声が高まっているそうです。

鈴木　お金は途中で、どこへ行ってしまうものなのでしょうか。

佐藤　実はウクライナは、腐敗度の極めて高い国です。途中のどこかで消えている可能性は少なくはありません。ウクライナの腐敗度指数ランキングは、世界116位とありますが、かなりおまけしていると思います。ドミニカ共和国、ボリビアなどがその後に続きますが、同率順位はフィリピンやザンビア。

鈴木　闇バイト事件の首謀者「ルフィ」が、フィリピンの刑務所からスマホで実行犯たちを操っていましたけれど、腐敗の度合いは同レベルなのかもしれません。

佐藤　この支援金の多寡に関しては、おそらく岸田総理も狙ってやっていることではないでしょうね。

あと、前にも触れた「必勝しゃもじ」です。ゼレンスキー大統領もあれを見てどう思ったでしょう。見慣れない木のへらに、何やら悪魔の文字のようなものが書いてある。どうやら、この文字は「勝つ！」のメッセージであるらしい。これを最前線の兵士に持たせれば勝てるとでも言うのだろうか、これは東洋の神秘なのだろうか……などとゼレンスキー大統領も困惑したことと思います。

鈴木　あの必勝しゃもじは、どこからのアイデアだったんでしょう。

佐藤　明らかな政治主導と思います。官僚から上がってくる案ではないですね。岸田総理からキーウに持っていくと言われれば、周囲の誰もやめろとは言えなかったのだと思います。よくわからないおまじないのような逸物を渡されたゼレンスキー大統領も、「友、遠方より来たる」ということで歓迎するしかない。岸田総理はおそらく「これなら本当に喜んでもらえるだろう」という思いやりの気持ちで送ったのだと思います。真心ですね。ただ、真心が通じて、ゼレンスキー大統領もブルッてしまったのでしょう。

鈴木　よくわからない人だと思ったのかもしれませんね。お金は大して出さない、さらには一番欲しい武器も出してくれないわけですから。ロシアでも「あれは日露戦争のころの兵士が戦場に持っていったお守り」だと報じられていました。しゃもじに書かれていた文字が、例えば「平和」だとか「停戦」だとかであったなら、その意味を首脳会談のときに説明しながら、武器を置くことの意味を伝えることもできたのでしょうけれど、「必勝」では、最後まで必ず勝つまで戦えということですからね。

佐藤　駐日ウクライナ特命全権大使のコルスンスキー氏は、「こんなにすばらしいものはなかった。これがなぜ日本で問題視されるのかわからない」と言っているようですが、心の底からそう思っているのでしょうか。

鈴木　冗談はともかく、戦争をやっているさなかの国、ミサイルが日々飛んできている危険な状況下で、こうしたものを渡しているということ自体が、緊張感のなさの表れと受けとめられるのではないでしょうか。

佐藤　そう思います。ただ、岸田総理のキーウ訪問は、日本政府がロシア側に事前通達していたので、抑制的な対応でした。ロシア外務省のザハロワ情報局長も、「G7議長国のトップが『米国の論理と圧力』のもとで計画を遂行した」と論評しています。つまり、アメリカにも報告しなければならないから、仕方ないだろうと言っているわけですね。

ロシアとのビジネスは是々非々の奏功

鈴木　ロシアとの関係で言えば、日本は、石油も天然ガスもロシアから買っています。

佐藤　ガスは2022年度で金額にして約6800億円で、前年比で約20％の増です。石油とガスの輸出によるロシアの政府歳入は、全体の約4割を占めていますから、ロシアからしてみれば、ガス輸入による収益ではあっても、それが戦費にも援用されていることは明らかです。石油に関しては、西側陣営の制裁措置として、上限価格が設定されています。日本の輸入は昨年度は1030億円で前年比73％減だったものの、上限価格以上の金額で輸入を続けています。

鈴木　海産物も禁輸措置は敷いていませんね。だから今でも、居酒屋などで安価なカニフェアをやることができている。アメリカは全面的に輸入禁止ですが、日本は縛りをかけていない。ロシア産のカニの供給がだぶつき気味だという話もあるようです。

佐藤　それから空、日本はロシアの飛行機に対して空路を開けています。ロシア上空であるシベリア空路を使うことが、日本にとって利益があるからです。現在は旅客機も貨物機も、日本の航空会社の自主的な判断でロシア空路を迂回していますが、戦争が落ち着けば、再び使うことができます。利益で言えば、前に触れたＪＴが２０２２年度のロシア市場における営業利益が約22％を占め、今年度の営業利益の通期見込みは約25％に増えています。財務省がＪＴの大株主ですからね。制裁措置にも濃淡が生じているわけです。

鈴木　ウクライナ侵攻が始まって数か月のころ、ＪＴは「ロシア事業の売却を検討する」と発表していました。事業環境の悪化と国際的非難が増していることが理由でしたけれど、「内外におけるあらゆる制裁措置を順守した上で、事業運営を継続している」と、現在は姿勢が変わっています。ロシアのたばこ市場でＪＴは40％の高いシェアを持っていますから、この収益をみすみす手放すわけにもいかないでしょうね。

佐藤　この状況を考えるうえで、国際政治学者の高坂正尭氏の名著『国際政治　恐怖と希望』（中公新書）が参考になります。高坂氏は同書の中で、国際政治は三つの体系からなっているとしています。「価値の体系」「利益の体系」「力の体系」です。日本は価値の体系においてはアメリカやG7と一緒だけれど、利益の体系と力の体系では違うところを見ています。だから、先ほどお話ししたように「結果として」うまくできているわけです。ただし、価値の体系だけがインフレを起こしている現在、多くの日本国民は実態から乖離《かいり》した形で「日本とロシアの関係は悪いんじゃないか」と思ってしまうのです。

鈴木　狙ったわけではないにしても、結果として日本がうまく立ち回っているということを、現場を知る我々はわかっていますが、多くの国民はこの国がやっていることを等身大で理解できていませんね。

佐藤　それから、日本ではロシア批判こそ起こっていますけれど、ロシア人の排斥とか、ドストエフスキーを読むなとか、そうした極端なことは起きていない。一時期、ロシア大使館に嫌がらせの電話があったり、JR東日本の恵比寿駅でロシア語の案内表示が隠されたりしたことはありましたけれど、非常に限定的でした。国民が「国を挙げての反ロシア」みたいなものについていかないということなのです。つまり、ロシアへのバッシングというものの正体は、メディア関係者と与野党を含めた政治家たちが踊ってしまっているだけではないか。国民、とくにビジネスパーソンは、非常に冷静に見ているというのが実態だと思います。

鈴木　これは私がいつも言っていることなのですが、日本の特殊性とは何か。世界地図を見ればわかるのです。日本はロシアと直接国境を接している唯一のＧ７国です。アメリカが国境を接しているといっても、アラスカ州を挟んでいるので、間に飛び地があるようなもので、ちょっと話が違います。距離的にロシアに一番近いＧ７の欧州国はドイツですが、これも地図を見てわかるように、ポーランドとベラルーシを経ないとロシアにたどり着かない。国境を接する関係にはなっていません。直《じか》に接する国とは、対応が根本的に違ってきます。

佐藤　ただ、岸田総理が価値のインフレーションを起こしてしまった。日本は西側陣営に同調してロシア非難をしていながら、殺傷能力のある武器を送っていないし、ロシアからのエネルギー輸入や空路を開けているのに、国民はそれを理解していない。Ｇ７の中では、ロシアとウクライナの間で仲介役になれる資格はあるわけです。

それはこの先の国益において大きな見返りとして返ってくるはずです。そのチャンスがあるにもかかわらず、価値のインフレが膨らんでいることで可能性を自ら失わせてしまっているのです。

岸田政権後に日露関係は修復できる

鈴木　結果としてうまくいっているとはいえ、無駄な軋轢《あつれき》を生んでしまっている部分は少なくありません。日本の対応でよくなかったのは、G7の国の中で一番最初にプーチン大統領に対して個人制裁をかけたことです。ウクライナ侵攻が開始されてすぐ、日本国内にあるプーチン大統領の個人資産を凍結させ、その後、プーチン大統領の娘ら400人の個人資産のほか、ロシア最大の金融機関ズベルバンクに対しても同様の措置を取りました。

佐藤　日本の発想としては、プーチン大統領は日本に個人資産など持っていない、だから凍結しても実害は出ないから問題にはならないだろうということだったのでしょう。しかし、ロシア人の発想ではそうはなりません。もし日本に資産を保有していて、それを凍結するのであれば、実質的な意味がありますが、凍結する資産がないにもかかわらず、凍結という制裁をＧ７で一番最初に行ったということは、ただの嫌がらせであり侮辱的行為と受けとめます。日本政府はロシア人の気質を完全に読み違えている。この辺も日本外交のミスです。

岸田政権が続いている間は、日露関係は抜本的な改善はできないでしょう。しかし、岸田総理がこの先10年、今のポジションを務めることはありません。岸田政権後に状況は改善できますし、今はその基盤づくりの時機でもある。だから、対ロシア外交にかかわる側としては、現状はある意味、やりやすいと思います。要するに、実態だけを説明しておけばいいわけですから。Ｇ７国の中でも極めて低い支援額、岸田総理のキーウ訪問での謎の贈り物。これらを見てロシアは、日本は非常に抑制的な対応であると受けとめていると思います。

鈴木　無意識にそうなっていたことだったようですが、ロシア側も不思議に思うことでしょう。

佐藤　日露関係は、いずれ収まるところに収まります。ただ、ロシアとの対話チャネルを、政府、国会、民間において維持することと、そして日本が殺傷能力のある兵器をウクライナに送らないことは、継続していただきたい。日本が提供した兵器によって、ロシア人が殺されたり傷ついたりする状況をつくらないようにしておくことが、「ウクライナ戦争後」を考える上で、非常に重要です。

鈴木　ただ、佐藤さん、日本にとって非常にプラスな要因になるということをいくら主張しても、逆に政治やメディアはむしろもっと激しくやれ、安保三文書（国家安全保障戦略、国家防衛戦略、防衛力整備計画）の改定で殺傷能力のある兵器を送ることは可能なんだからやれと、そっちの声の大きなほうに振れてしまう可能性はないでしょうか。

佐藤　その危うさは少なからずあります。ただ、国民の常識的な理解や冷静な利害得失を考えるビジネスの視座は確立されています。政治とメディアだけが国民の実態と乖離したところで勢いづいている感じがします。

鈴木　アメリカに対する過剰な迎合が、政治とメディアにはありますね。

佐藤　先にお話しした通り、アメリカという国が弱くなって、縄張りが狭まっているから、同盟国への圧力が強まっている。それだけのことなのですが、その全体構造が、アメリカに過剰迎合している人たちには見えていません。

鈴木　なぜ日本の政治とメディアがのめり込んでしまうのか。G7との連携という美名など、ロシアからすれば、単なるアメリカの言いなりだという見方になります。安倍晋三総理の時代は、ここまでアメリカにべったりではなかった。2014年のクリミア併合が起きたとき、オバマ大統領から安倍総理に電話がありました。当時、私が安倍総理から直接聞いた話ですけれど、対ロシア経済制裁について、アメリカと共同歩調を取ってくれとの要請だったのです。人的制裁も一緒になってやってくれと。でも安倍総理は即座に、日本はそうはいかない、アメリカとは立ち位置が違う、とはねつけました。日本とロシアには平和条約の交渉もあるし、なんといっても北方領土問題解決がある。アメリカと同じ価値観では日本は立ち行かない。ここは日本独自の判断でやらせてもらう、と言って、安倍総理は毅然とオバマ大統領に対してものを言った。オバマ大統領はガチャッと電話を切ったそうです。

佐藤　日本はアメリカと完全に同じ価値観では、ロシアと向き合うことはできません。この戦争が始まって改めて気づかされた人も多いと思いますが、先ほど、鈴木先生がおっしゃった「地図を見れば日本の特殊性がわかる」ということです。日露

第3章

日本外交がうまくいっている奇跡

岸田政権はアメリカべったりだが、ウクライナへのアメリカの支援金は日本の約63倍になる。国力による応分負担ではない。(2023年7月12日、NATO 首脳会談にて)

関係の特殊性には北方領土問題がありますが、もう少し奥に入って考えると、国境が隣接している。確かに国境が隣接していなければ領土問題は起きませんよね。だから、日本の特殊性は地理的特殊性であって政治的特殊性ではない。

鈴木　政治はいくらでも変えられるけれど、地理は変えられません。隣にロシアという国がある状況は変えられないのです。個人で言えば、隣人とどうしても相性が合わないなら引っ越すという手があります。これはマンションでも戸建てでも、費用は掛かりますが、他所へ行って関係を断つことはできます。ところが、国家は引っ越せない。

　さらに広げて言えば、日本の中には隣国である中国や韓国に対して敵対を煽る発言をする人がいますけれど、それで日本が生きていけるのかと言えば、無理です。折り合いをつけていくしかない。中国は今や世界2位の経済大国で、今後5年くらいのうちにアメリカを抜いて1位になるとも言われています。これを考えたとき、中国は日本の経済にとって、さらに大きな意味を成してくる国家になる。韓国もハイテク、自動車など様々な分野で独自のブランド力を築き始めています。北朝鮮についても、ミサイル発射など確かにけしからん話が多いのは事実ですが、ただ敵視を強めていくよりも、むしろ国際社会に呼び込んで、世界の現状やあるべき姿をしっかりと教えることが大事なのではないか。無駄な軋轢を生むような行為を続けるよりも、ここは一歩引いて考えることも視野に入れるべきだと私は思います。

岸田総理地元の広島ガスとロシアの関係

鈴木　中国、韓国に対しては、過去に日本が植民地支配をしたということが負の遺産としてずっと残っている。このことを日本人は心構えとして、あってはならないことだったということを忘れてはいけません。私はずっとアフリカの国々とも向き合ってきました。イギリス、フランスに対して、アフリカの皆さんは厳しい目を向ける。それは過去の植民地支配があるからです。さらに、人種差別がいまだ残るアメリカに対しても、アフリカの人々の見方は非常に厳しい。これは歴史であり文化の爪痕なのです。そうした負の遺産を抱えた関係であることを常に意識しておかなければならない。隣国との友好を考えずして、遠くの親戚ばかりを頼っていても前には進みませんし、国益にはなりません。

佐藤　ご指摘の通りと思います。地理的要因が非常に重要だということが、安倍総理にはわかっていました。

鈴木　さらに安倍総理が言っていたことは、やはり日本とロシアは世界の大国なのだということでした。その両国の間に平和条約がないのは異常ではないでしょうかと。佐藤さんがおっしゃったように、まさに隣国なのです。その隣国との間に、平和条約以前の国境線が決まっていないのは異常です。私はウクライナ戦争における日本の一番のミスは、地理的要因の見誤りだと思います。ウクライナは決して日本に近い国ではないし、ウクライナへの輸出額が約541億円、輸入額が約568億円であるのに対して、ロシアは輸出額約5379億円、輸入額に至っては約1兆8000億円にのぼる。極論ですが、付き合わなくても生きていけるのはどちらか。日本の国益を冷静に見ておくことも必要ではないでしょうか。

佐藤　非常に重要な観点です。それ以前の問題として、この戦争が始まった時点で、日本の国民でもメディア側の人でも、地図上でウクライナの場所を正しく示せる人はどれくらいいたでしょうか。だからウクライナを軽視していいということでは断じてないのですが、急に意識が変わってきているように思えます。

鈴木　本当ですね。だから、なぜ日本がウクライナ戦争にのめり込んだのか、私には不思議でならないのです。今、日本には何が大事なのか。あるいは日本にとって何が最大のウィークポイントなのか。それは例えば、エネルギーではないでしょうか。今も日本は中東にエネルギーを依存していますが、果たして中東一辺倒でいいのか。アメリカは中東から距離を置き始めた。自国のシェールガスがあるからなのですが、アメリカは日本にこれを買えと迫っています。国際社会のエネルギー市場は新たな勢力図に変わろうとしている。日本は現在、エネルギー全体のうち1割をロシアから買っていますが、この1割のシェアを考えてみてほしい。

今から約半世紀前、たった1割のエネルギーが中東から入らなかっただけで、オイルショックが起こりました。トイレットペーパーが町から消えて、全国で買い付け騒ぎが起きました。ウクライナ侵攻後、政治家やメディアの中には、「ロシアなどから油を買うな」と軽々に言う人がいるけれど、こういう人たちは日本の現実や将来をわかってものを言っているのか。人気取りになるような勇ましいことを言うのは簡単です。しかし、過去の反省だとか、過去の経験を忘れてはいかんと思うのです。

佐藤　その通りです。またも岸田総理にまつわる話ですが、選挙区が広島であるということがある意味、非常に興味深いことなのです。どうしてかというと、地元の広島ガスは全調達量の50％は「サハリン２」のガスを買っているのです。

鈴木　公開情報ではありますが、あまり知られてはいないでしょうね。

佐藤　仮にサハリンのガスが止まったら、広島の産業も成り立たなくなります。国会で誰もこのことを質問していないのが不思議です。岸田総理の選挙区の広島ガスが高い割合でロシアのＬＮＧを買っていることは、威勢のいい物言いをする皆さんでも、いつも以上に慎重になるのでしょうか。私が立憲民主党の政治家でしたら真っ先に質問していたでしょう。

サハリン２　三菱商事、三井物産、ロシア国営のガス会社ガスプロムが共同出資するガス複合開発事業。サハリン２プロジェクト。プロジェクト会社のサハリン・エナジーは、サハリン北部の油田で１日15万バレルの原油生産能力を持つ。２００８年より原油を、翌年からはＬＮＧの出荷を開始。ＬＮＧの約６割

を日本へ供給している。ウクライナ侵攻後の2022年8月、運営会社は新たなロシア企業に事業を引き継ぎ、三菱商事と三井物産も同社への出資を行うことが承認された。

鈴木　理解できないのは、なぜ日本でここまでウクライナ支持が広がったのかということです。

佐藤　まずは地図を見て考えようということです。しかも、今回の戦争によって、ロシアと中国は近づいてしまった。今年3月20日、21日に習近平国家主席はモスクワを訪問しました。ロシアと中国が接近していけば、そこにはもれなく北朝鮮がついてくる。韓国にしても、前政権のような反日姿勢ではないものの、支持率が低くなってくれば、遠慮なく日本に対して厳しい姿勢になることで、浮揚を図るでしょう。日本に隣接する国同士が結託して、それでも日本はアメリカ追従を続けて反目するとしたら――ちゃんと地図を見て考えを改めてほしいものです。

第4章

メディアの戦争扇動で見えなくなるもの

英語圏の情報源に頼るメディアの偏向

鈴木　ウクライナ支持の拡大は、やはり情報戦によるものなのでしょうね。

佐藤　はい。戦争が始まると同時に、情報洪水が起きました。アメリカとイギリスのアングロサクソンが中心になって、西側陣営に都合のいい情報を集中的に流したのです。日本の報道も、アメリカとイギリスにコントロールされた情報をうのみにしてきた。初動から明らかに情報戦争が仕組まれていました。しかも、ロシア基点の情報を遮断する動きを、やはりアメリカ側は徹底して行いました。

鈴木　ロシアのテレビの情報さえ、入ってこなくなっています。

佐藤　入ってこないから、見る人もいない。それと、モスクワにいる日本メディアの記者たちのロシア語力があまりに低すぎます。現地にいれば普通に入手できる情報も、十分に消化できていないのです。この30年くらいの間でモスクワ支局を持つメディアが弱ってきた証拠です。かつては語学研修を2～3年受けさせて現場に出していたのが、今はやっていません。ロシア語をきちんと使える人間が少なくなることで、情報源はおのずと英語になります。そうなると、ロシア人から生の声を取ることはもちろんできなくなってくるし、CNNとBBC、ニューヨークタイムズやワシントンポストを情報源に記事を書くことになってしまいます。

鈴木　西側の報道ではロシアは無差別攻撃をしていると非難していますが、両国は戦争をしているのであって、攻撃先の建物の中にはウクライナ兵がいるんです。

佐藤　無差別という形になってしまうのは、結果的にウクライナ側が一般市民を人間の盾のようにしているという側面もあります。さらに、病院の横に戦車が置いてあったりするわけですから、ロシアとしては狙わざるを得ない。日本の報道を含む西側陣営のメディアでは、ロシアによるウクライナへの戦闘行為ばかりが報じられ、その行為が残虐であるとして非難の的になっています。ただ、これがロシアのメディアでは、逆にウクライナ軍によるロシア側の爆撃や殺戮を流している。情報は非常に一方的になりがちなのです。

鈴木　情報戦の怖さを改めて思い知らされます。2002年、私の「宗男バッシング」を思い出しました。ロシアの軍事侵攻が始まって以来、私は一貫して「戦争は両方に責任がある」と主張してきました。しかし、メディアはだいたいどこを見ても「ロシアが悪い」「侵攻したロシアが悪い」一色になっています。誰もが子供のころ、親や学校の先生からよく言われたのは、「喧嘩両成敗」。ただ、先に手を出したほうが悪いし、その元を作った者にも責任はあるということでした。

佐藤　その例で言えば、一番悪いのは、喧嘩をしている本人たちというよりも、むしろ武器になるような棒や石を渡したりして、「これ使えよ」と後ろに隠れてけしかけているやつです。片方にマサカリを渡して、「これで一撃だ」と煽る。そうすることで、マサカリ業者は儲かる。しかもマサカリ業者はその卑怯者の側にいる。マサカリ代はどうする？　ツケにしておいてやるから、ケンカが終わってから払ってくれればいい——そういう卑怯な役割を誰がやっているのかということです。

鈴木　武器を供与したりお金を出したりすれば、戦闘は長引きます。そして、戦争の犠牲になるのは、子供、女性、お年寄りなのです。私は「なぜ78年前に日本が犯した愚を振り返らないのか」と疑問に思います。日本があの戦争を早くやめていれば、まさに半年早く降伏していれば、東京大空襲も、沖縄戦も、広島や長崎に原爆が落とされることもなかった。その日本の経験を、私はウクライナにしてほしくはないし、させてはいけないと思うのです。ゼレンスキー大統領が言っている「国民よ、ここは団結だ」みたいな言葉は、まるでかつての日本の大本営発表です。これは私の持論ですが、自前で戦えないのなら、自国民のためにも戦争なんてやめるべきなのです。それでトップが責任をもって、対立国と武力ではなく対話で向き合わなければならない。ゼレンスキー大統領は芸能人出身でもあって、表情も豊かですし、聞く者を刺激する喋りも巧みです。聞いていれば実にもっともなことを言っているように思えるけれど、私にはどうも昔の大本営発表と重なって見えてしまうのです。

佐藤　冷静に考えてみれば、現在のウクライナは戒厳令下にあり、18～60歳までの男子は出国できません。全員というわけではないのですが、そこから戦争に動員される人も大勢いるわけです。ロシアも国民の動員があり、約100万人が国外に逃げたという報道がありました。逃げた人数に関しては様々な数字が出ていますが、おそらく実数としても、それくらいの人たちが国外に脱出したのでしょう。ただ、ロシアは逃げることができている、逃げる自由があったということです。

鈴木　ウクライナとは事情が異なる。その違いを見ないといけないわけですね。

佐藤　国外逃亡者は大勢いましたが、すでにロシア国内に戻ってきている人も相当数います。ロシア国内で反プーチンの動きが活発化しているという情報も流されていますが、これも実態とはずいぶんと異なります。ロシア国民の大多数は消極的であれ、プーチン大統領を支持しているのです。

スティーブン・セガールが見た米露の違和感

佐藤　ロシア国内でのプーチン大統領の支持率は盤石、常に安定しています。特別軍事作戦後も、特段の変化はありません。ロシアは民主的な選挙によって大統領が選ばれているので、日本の一部の評論家などが言っている「国民の大多数がプーチンの独裁に恐怖を感じて、嫌々従っている」というのは大嘘です。ロシア国民の大多数がプーチン大統領のことを支持していますし、むしろウクライナ戦争が始まって、プーチン大統領にこれまで批判的だった人も、西側が束になってロシアを潰そうとしている状況においては、プーチン政権を支持せざるを得ない状況になっている。つまり、支持は高まっていると見ていいと思います。一時的に国外に脱出した人たちが戻ってきて、ロシアと西側を比べていかに西側がひどいかということに気付くケースも少なくありません。だからプーチン支持は高まっているのです。

鈴木 今年の1月、俳優のスティーブン・セガールさんが私のもとを訪ねてきました。セガールさんも「ロシア国民の多くがプーチン大統領を支持している。この戦争は仕方のない戦いだと思っている」と言っていました。国民は大統領の下で団結してやっていくしかないという選択をしているのだと。

佐藤 セガールさんには私も会いました。ドネツクとルガンスクの情報は、セガールさんのところにもかなり細かく入っているようですね。もちろん、ロシア側からの情報です。セガールさんは今、モスクワ在住ですからね。

鈴木 ウクライナの状況についても、現地を見てきたと言っていました。東部のドネツクのほうに年末に行ってきたとのことでした。

佐藤 セガールさんは、ウクライナ戦争をテーマに映画の撮影を進めています。戦地を両方から見てきた中で、「アメリカにはもう行けない」と言っていたことが印象的でした。

鈴木 入国禁止ということだったのですか?

佐藤 いえ、自国民ですから入国禁止はありません。アメリカは雰囲気が悪くて行く気にならないと言っていました。映画の内容からして、アメリカ側が入国を拒否するということはないでしょうけれど、内容に関しては嫌がっているでしょうね。

鈴木　セガールさんはロシア国籍も持っていますね。

佐藤　ロシア国籍とセルビア国籍を持っています。

鈴木　アメリカの国籍は?

佐藤　持ったままです。アメリカもロシアもセルビアも、二重国籍が持てますから。国籍には出生地主義と血統主義があって、アメリカは前者。日本は後者なので、日本は基本的に二重国籍は持てません。

鈴木　ロシア国籍を持っているのであれば、ロシアでの取材もしやすくなるのでしょうか。

佐藤　国籍というよりも、セガールさんがロシアを理解するというスタンスだからでしょう。取材ができているのはそのせいだと思いますね。

鈴木　セガールさんはロシア外務省の特使を務めていたこともあります。パスポートも特別なものが支給されていると聞いています。ロシアとのそうした関係があったからというわけでなく、アメリカ国籍も持っている立場からしても、やはり西側から流される情報には違和感を受けとめていましたね。

ワグネルのクーデター未遂の背景

佐藤　我々の中では、あえて触れるのもどうかと思った出来事は、この情報戦争の中で数多くありましたけれど、ロシアの民間軍事会社ワグネルの「反乱」に関しては、メディアの取材の浅さを感じずにはいられませんでした。

鈴木　６月24日、突然、報じられたワグネルのモスクワ侵攻ですね。ワグネルの代表プリゴジン氏が、味方であるはずのロシア軍からミサイル攻撃を受けて、自社の兵士たちが犠牲になったという理由で、反旗を翻《ひるがえ》し、モスクワを陥落するために逆進軍してきたという、最初に聞いたときには衝撃的な出来事でした。「軍幹部の悪事を止めなければならない。抵抗する者は壊滅させる」と主張して、プーチン大統領を退陣させ、以前から対立していたショイグ国防相を逮捕すると、勇ましい発言でした。たしかに、プリゴジン氏の言葉だけを受けとめれば、モスクワは大惨事になる可能性もあったかもしれません。

佐藤　しかし、わずか1日あまりでクーデターは失速し、プリゴジン氏はベラルーシへ亡命、プーチン大統領の「誰も罪には問われないだろう」の発言で事実上の終結となりました。クーデターがあったこと自体がつくられたものではありませんが、プーチン政権が内部でぐらついているという文脈でこのことを報じてしまったのは、あまりに短絡的でした。ここで私が25日未明に、ロシアの政治学者であり、与党「公正ロシア」の幹部会員（非議員）アレクサンドル・カザコフ氏から通信アプリテレグラムを介して得た情報9点を載せておきます。

（1）本件は未遂に終わった軍事クーデターである。ウクライナ国防軍の一部の（少なくともいくつかの実際の）成功を背景に、事前に計画された。実際にはもう少し後で行われる予定だった。

（2）しかし、クーデターは性急に開始されなければならなくなった（誤爆）。なぜか？　おそらく金曜日（6月23日）の夜、プリゴジンは信頼できる情報源

から、(軍の信用を失墜させる記事を理由に) 彼を拘束するか、抹殺するかのどちらかを決定したという情報を得たのだろう。そして、プリゴジンは一計を案じた。

(3) 陰謀の一環として、モスクワにいるプリゴジンの〝パートナー〟は、プリゴジンの隊列を組織し、軍事クーデターすなわち、プーチン大統領の解任、ショイグ国防相とゲラシモフ参謀総長の逮捕を実現するつもりだった。

(4) しかし、何かが違ってしまった。第一に、出鼻をくじかれた。第二に(これは私の考えだが)、プーチンがクーデターの情報を事前に入手し、モスクワの陰謀家であるプリゴジンの仲間たちの関係先を捜索した可能性が高い。

(5) その結果、最高司令官(プーチン)への忠誠を最初に公に表明したのはモスクワの陰謀家たちだった。

（6）プリゴジンは、モスクワに向かうときにクーデターが失敗したことをすでに知っており、自分にとってより有利な条件を交渉しようとしただけだった。せめて命だけでも、せいぜいどこか遠い国で新たな契約を結ぼうとしたのだ。

（7）クーデターの陰謀を時間内に明らかにし、最高司令官に警告を発し、彼に作戦を練る時間を与えた特務機関の働きのおかげで、クーデターは回避された。今回は阻止された。

（8）モスクワの陰謀家たちは、また同じことを繰り返すのだろうか？　すると思う。最高司令官が今日と明日のうちに（月曜日までは休日だ）、彼らを政治の場から排除しなければ再び事を起こす。

（9）プリゴジンの誤算のおかげで、プーチンはおそらく意図したよりも早く「第二の国内戦線」を開かなければならなくなるだろう。

佐藤 その後のロシア国内の様子を並行して触れているメディアは、あまりなかったのではないでしょうか。「第一チャンネル」や「ロシア・テレビ」の報道を見ると、ワグネルが占拠したと主張していたロストフ・ナ・ダヌーの街灯の映像がいくつも見られます。走行車両の前で、迷彩服を着て覆面をしたワグネルの戦闘員が映っているものもあるのですが、住民が「ここで何をしているんだ?」「プーチン大統領の命令をどうして聞かないんだ?」と詰問しても、戦闘員たちはしどろもどろで答えられない様子でした。この段階からも、プリゴジン氏に明確な戦略があったとは思えません。

鈴木 プーチン支持が揺らいでいる、という印象を持たせたい側の意図なのでしょうか。この種のロシア内部の軋みは、第一報のまま流れていく印象ですね。

佐藤 取材が浅すぎるのだと思います。先に指摘したように、ロシア語が使えないジャーナリストが増えている現状では、この背景に迫ることはできないでしょうけれど。カザコフ氏の言葉を借りれば、「本件は筋が悪いので、日本政府は一切発言しないほうがいい」ということです。

効力のないプーチン大統領への逮捕状

佐藤　そういえば2023年3月、国際刑事裁判所（ICC）がプーチン大統領への逮捕状を出しましたが、ここで掛けられた嫌疑は、ウクライナの子供たちを連れ去ったということでした。これなど、明らかに実態と乖離した情報です。

鈴木　まったく意味がありませんね。

佐藤　ロシアは当事国ではない。ウクライナもです。両国とも国際刑事裁判所に加盟していないからです。プーチン大統領にしても他国の裁判所の話のようなものです。それから、アメリカも加盟していません。だから、逮捕状を出すという行為には、実際の効力はなく、政治的な意味合いしかない。嫌がらせのようなものです。そもそも子供を連れ去っているというのではなく、戦争によって親とはぐれてしまった子供をどうしていたのかという問題です。「保護した」という見方が十分成り立ちます。特にウクライナの東部の住民はロシア語を使う、ロシア正教徒が多い地域です。ところが、クリミア併合の2014年以降は無理やりウクライナ語教育一本にしてしまっている。そうした地域の子を保護して、その間にも学習の時間を用意したということですから、ロシア側からすれば、とくに問題のあることをしているとは思っていないでしょう。

鈴木　これもアメリカ側、もしくはウクライナ側からの一方的な情報で、子供を親から引きはがして思想教育を施しているとか、洗脳しているとか報道されましたけれど、親にはぐれた子どもたちにとっては、親切に保護してくれる人が必要ですからね。

佐藤　ナチスのような特定の理論によってアーリア人をつくるようなことは、ロシアはしていません。洗脳など特別な方法を使っているのでもない、一般のロシア人が受けているレベルの学校教育を行っています。保護した子が小学生だったら、ロシアの小学生と同じ教育をしたということです。ロシアの国歌を歌わせたことが非難されていましたけれど、日本だって国旗国歌法がありますから、卒業式などでは外国の子にも歌わせていますよね。アメリカで言えば、毎日のように星条旗に敬礼させている。ウクライナの国内だってそういう対応をしています。だから、この種の報道に関しては、少し常識を働かせて考えてみれば真相がわかると思います。

反プーチン論客さえも「戦争はやむを得ない」

佐藤　西側陣営からの情報に寄っていると、ロシア人の平均的な感覚が見えなくなってきます。これは彼の立場上、名前は差し控えさせていただきますが、ロシア科学アカデミーのそれなりの幹部で、日本の大学でも集中講義をされているかたがいて、この人はプーチン大統領には批判的な立場でした。ちなみに、彼の妹はイギリスの企業に勤務していたのですが、今回の戦争のおかげで失職してしまい、そういう意味も含めて反プーチンなのだけれど、そういう人たちですら、「もう事態がここまで至っていて、西側連合がここまでやってくるんだったら、この戦争はやむを得ない」と考えが変わっています。

鈴木　そうでしたね。１８０度変わっていました。

佐藤　この「やむを得ない」という感覚に、プーチン政権に批判的で西側寄りだったロシア人でさえなってしまっていることが、日本ではよく伝わっていません。

鈴木　その人のことは私もよく存じ上げています。ロシアの原子力庁にもいらっしゃった要人ですよね。佐藤さんとのお付き合いは、とても長いですね。

佐藤　彼はどちらかというと、西側との協調路線を志向していました。エリツィン政権時代の政府要人ですら、今、この戦争はやむを得ないという考えに至っている。あるいは第一チャンネルの『グレート・ゲーム』にたびたび出演している国家院（下院）議員のニコノフ氏さんにしても、彼はペレストロイカ派でした。ソ連崩壊後は、エリツィン大統領を支持する改革派として有名でした。鈴木先生もよくご存じのかたです。

鈴木　はい。

佐藤　ニコノフ氏はアメリカ専門家でエリツィン路線の改革派であるにもかかわらず、今回のプーチン大統領の特別軍事作戦を支持している。これはどういうことなのかということまで、踏み込んで考える必要があります。根本にあるのは、西側がロシアを馬鹿にしすぎたということではないでしょうか。

鈴木　軍事侵攻から数か月後の時点で、バイデン大統領は経済制裁をすればロシアは2か月でギブアップすると公言していました。1年半を経て、それがどうなっているのかということを改めて考えてほしいと思いますね。アメリカの読み違いに始まり、それに引きずられた日本も喧嘩を売った側であり、ロシアからすれば売られた喧嘩だから、これはもう受けて立つしかないということになる。これでは日本とはしばらく付き合う必要はない、もうビザなし交流もやめましょう、もちろん、平和条約交渉も今の状況ではできません、ということになるのが当たり前です。

佐藤　非常にわかりやすい話です。喧嘩を売っているのは日本側です。ロシアは売られた喧嘩を買っているだけです。ところが岸田総理を含め、喧嘩を売っていることに気づいていない。逆に、ロシア側から自分たちが喧嘩を売られていると思っている。それから、今テレビに出てくるいろんなコメンテーターとか、外国人の専門家とかもいますけれど、率直に言って、私はほとんど、全然と言っていいくらい彼らの論考を参考にしていません。情報分析で大事なのは、情報とノイズを分けることにあります。あの人たちの発信しているものはほとんどがノイズですから、利用価値がないのです。

鈴木　確かにそうですね。必要ではないものが混在しています。

佐藤　それぞれの固有名詞をあげつらう必要はないのですが、これだけは言っておきたい。まず、地域研究をやるのに当該地域の言語ができない人は論外。例えば、アゼルバイジャンの専門家がいたとしますが、そのかたがロシアやウクライナのことをいくら語っても、説得力はないんです。あと、ウクライナの旗を掲げているヨーロッパ安全保障の専門家がいたとして、その人がロシア・ウクライナの地域のことを言っても、これまた説得力がありません。だって、オリジナルの情報にアクセスできないのだから。では、ロシア専門家という触れ込みで、某防衛研究所の人たちがどれくらい的確な分析をできているか。残念ですが、防衛研究所はそもそも秘密情報にアクセスできません。

鈴木　どういうレベルのロシア人と付き合っているのかによって、情報の精度が違ってきますよね。

佐藤　その通りです。ある大学の先生の手記にあったものですが、その人がロシアにいるときに見たこととして、「ロシア人は電気メーターを洗濯ばさみではさんで止めている」といったものがありました。そうすることで、電気代を払わないようにしているということでした。さすがに私は、そういうロシア人を知りません。そうまでして電気代をケチっているとは、仮に人は良かったとしても相当低層のロシア人なのでしょう。政策意思決定に関与するようなロシア人と付き合ったことがなくて、なおかつプーチン大統領が何を言っているのかを現地の言語で読んでいない。

そういう人を日本の新聞は、貴重な現地の情報を持っている識者として扱って追認する記事を組み立てている。

鈴木　そういう人の意見こそ、ノイズではないかと思いますね。

佐藤　彼らは、めちゃくちゃなことを言うわけです。例えば、プーチン大統領は「ルーシ民族主義」であると。ウクライナとロシアとベラルーシは一つの民族であることを主張しているのだそうです。「ルーシ」とは古代レベルの話で、日本で言えば縄文時代とか弥生時代の視点なのです。いったいこの時代にどういう民族主義があったのか。近代における民族の概念とはまったく異なります。

肚の据わった日本のロシア識者は極めて少ない

佐藤　軍事面に関する識者も、仰天な発言が少なくありません。あえて名前は出しませんが、彼らの語る戦略とか、論外ですね。たしかに、兵器自体のうんちくには詳しいかもしれませんけれど、兵器情報ばかり持っている単なるプラモデルオタクだったりもします。国際情勢をどこまで理解できているのかわかりません。

鈴木　佐藤さん、私は不思議でならないのです。同じ時期に同一人物がある新聞ではウクライナが勝つ、また別の新聞ではロシアが勝つといったダブルスタンダードな物言いをしている様子を見たことがありますが、西側陣営の情報だけでなく、専門家と称するかたがたが状況を見えにくくさせてしまっているようにも思います。

佐藤　いろいろなかたが持論を展開していますからね。もちろん、基礎研究をやっているきちんとした学者たちはいるのですが、例えば、東京大学にしても東京外国語大学にしても、そうしたかたほど発言を控えている。今のメディアの論調はおかしいとか、事実はこうなっていると、決して発言しないのです、これに私は最大の問題があると思っている。

要するに、この人たちはバッシングが怖いんですよ。研究の当該地域の有事に直面して、臆病になるのであれば、政治の研究なんかするなという話です。政治ジャンルだけではありません。ロシア文学者も同罪です。記者会見に行ってロシアを非難する。しかし、ロシア政府を批判する声明をロシア大使館に持っていくわけでもなければ、ロシアのメディアに対して抗議文を載せてくれと働きかけをするわけでもない。ロシアに関する研究をやっているということで、バッシングに巻き込まれたら嫌だという自己保身にすぎません。こういうところが透けて見えてしまうところが、研究者たちの一番の問題なのです。

鈴木 そうした中でも、佐藤さんが信頼に足ると考える研究者やジャーナリストは誰でしょうか。

佐藤 亀山郁夫先生は非常に立派です。ウクライナ戦争後も、積極的に自分の意見を発信されています。プーチン大統領に近いロシアの音楽者たちが国外から声がからなくなったり、ロシア国内でも演奏を自粛している流れに対して、ロシア嫌悪が広がるのを見越したうえで、ロシアの音楽や芸術から一時的に人々は離れていくが、それらには永続性がある。芸術家たちは自分たちなりのメッセージを、ひるまず自信をもって主張するべきだと語っておられました。臆病になっている日本の専門家たちには、この姿勢をぜひとも見習ってほしいと思います。

また、ジャーナリストでも、朝日新聞のモスクワ支局長を務めていた編集委員の副島英樹さんは、バランスの良い記事を書いていますし、著書『ウクライナ戦争は問いかける　NATO東方拡大・核・広島』（朝日新聞出版）は、現在の広島総局での経験も含め、実に問題の核心を捉えている。侵攻が起こる前に、それを防ぐ最大限の努力をトップは行ってきたのか。なぜ慎重な言動をしなかったのか。戦うことの一択になって、即時停戦が打ち消されてしまっている論壇への警鐘も鳴らしています。

海外では、アメリカのシカゴ大学の国際政治学者ミアシャイマー教授の論考。日本への原爆投下やキューバ危機、さらにはＮＡＴＯの東方拡大という引き金を挙げながら、ウクライナ戦争をエスカレートさせ、核戦争の危機を引き寄せている第一の責任はアメリカにあると喝破しています。そして、フランスの人口統計学者で歴史学者でもあるエマニュエル・トッド教授。日本で出された著書『第三次世界大戦はもう始まっている』の中でも、ウクライナを武装化させて事実上のＮＡＴＯ加盟国にしたのはアメリカとイギリスであり、ウクライナを「人間の盾」としてロシアと戦っているなど、人口動態の知見も重ねて分析している。一級どころは情報戦争に流されることなく、極めてしっかりしています。

鈴木　軍事侵攻が始まってから、私はネットでめちゃくちゃ叩かれました。この本の冒頭でも触れましたけど、ロシア擁護だとか、弁明者だとか、さんざんな言われようです。意見を言ってもこういうリアクションが矢のように降ってくれば、みんな引いてしまうんですよね。ただ、私は絶対にぶれずに信念をもって主張をしています。もちろん、佐藤さんと同じ考えで、私はずっと「一にも二にも停戦だ」と言い続けています。

佐藤　一貫されていますよね。鈴木さんは、元駐日ロシア大使のガルージン氏に会ったときにも、ロシア側の宜しくない部分について堂々と指摘されています。他の人たちは、外では威勢のいいことを言っておきながらも、ロシア政府の要人に対しては、面と向かって言うことができない。それ以前に、対面で話せるルートがありません。

ロシアの理屈、行動原理を理解することがまずは前提であり、それを押さえたうえで、こういうところはよくないのだということを、我々で言えば友人としてきちんと言わなければいけません。先方は政府の要人であって、立場こそ違いますが、話は聞いてくれる。そして、それをモスクワに報告しますから。

防衛族議員らの勇ましい発言の理由

鈴木　永田町においても、ロシアのことをよくわかっていない人は多いです。こういう時に勇ましいことを言う人に限って、信用はできません。「それ見たことか、ロシアは日本の将来的な脅威になる」「今こそ防衛力整備だ！」などと言っていますけれど、佐藤さんはそうした政治家たちの勇ましさをどう思われますか？

佐藤　ある意味、わかりやすい部分はありますよね。例えば、自衛隊出身の国会議員、いわゆる防衛族議員などにおいては、それが自分の支持層でもあり利益に直結している。

鈴木　ただ、少なくとも政治の究極の目的は、何をおいても「世界平和」ということになります。

佐藤　そうですね。自衛力だって、平和のために存在しているのですから。

鈴木　もっと言えば、世界平和のために政治家はあるんですよ。仮想敵国を想定して、ミサイルや反撃能力を持つことでしかこの国の平和は守れないなどという次元ではないのです。それを飛び越えた頭づくりをしないといけない。

佐藤　利益誘導的な発言になってしまうことが、もはや当たり前になっています。親元のために努力する。例えば、自衛隊退職者が集う隊友会が味方についてくれれば、票固めになって選挙は強くなる。そのためには自衛隊側の要望に応える必要があるわけです。有権者の陳情を聞くこと、必要だという声に耳を傾け実行するのは、政治家の役割です。

ただ、自衛隊の現場をきちんと見渡せば、防衛力強化よりも先にやるべきことや改善すべきところはあると思うのです。例えば、宿舎。先生、ご覧になったことはございますよね。ちょっと宿舎はひどい。

鈴木　２０２７年度から防衛費はＧＤＰ（国内総生産）比約２％となることが決定し、２０２２年度の０・９６％に比べて５年間で大幅に防衛費が増えるのですが、これが正面装備だけなのです。自衛隊員がそれで士気が上がるかといったら、上がらないでしょう。

佐藤　上がるわけがありません。私は彼らが日常を過ごしている宿舎の改善こそ、自衛隊員に対して一番先に対応すべきことだと思います。うまく言えませんが、だいたいの宿舎はまるで50年くらい前の公営住宅のような様相です。

鈴木　築40年、50年なんて当たり前ですからね。しかも、あそこでは共同生活になっている。今、核家族が多い上に一人っ子が増えていて、一人で一部屋を使って生活してきた子たちが多いじゃないですか。彼ら彼女らが入隊すると、それまで経験したこともない5、6人同部屋などという生活になるわけですから、それこそオナラもできないでしょう。窮屈でしょうし、精神的に落ち込むこともあるはずです。核家族で育った子にはまず耐えられませんよ。だからこそ、こういうときに士気を高めるために必要なのは、生活環境の整備であり、処遇の改善です。有事のことだけでなく、自衛隊員のふだんの生活のことを考えてあげるべきです。

佐藤　最近ではURの住宅だって、高層マンション化しているところもありますからね。自衛隊員の宿舎は、少なくともURの住宅並みにすべきではないでしょうか。こういうところに防衛費の拡充をあてるのであれば、私は賛成します。正面装備にしても、巡航ミサイルのトマホークをアメリカから買わされるのは、ある意味理解できるのです。そうしておかないと、中距離ミサイルのほうを買わされるでしょう。日本のような国土の狭い国家の場合、中距離ミサイルを配備しようにも基地の隠しようがない。ＩＮＦ（中距離核戦力）全廃条約が２０１９年8月に失効したことによって、核弾頭が搭載可能な中距離ミサイルがアメリカによって日本に配備されることを、ロシアは一番危惧しているのです。

武器提供は旧兵器の在庫一掃だった

鈴木　トマホークは、もはや時代遅れではないでしょうか。

佐藤　確かに時代遅れなのですが、逆に、トマホークだから周辺国もそれほど脅威を感じないというメリットはあります。

鈴木　とはいっても、在庫処理で買わされるのは困りますよね。

佐藤　アメリカにしてみれば、日本はもっと経済的に貢献しろということでしょう。先に触れたように、今回のウクライナへの支援についても、日本が供出している金額はかなり低く抑えられているわけですから。ただ、時代遅れということで言うと、今回、ウクライナに送られている兵器は、かなりの割合で古いタイプ、下手をすると博物館クラスのものもあります。例えば、スティンガーミサイル。あれなどは映画『ランボー３／怒りのアフガン』（１９８８年公開）で一撃必殺の兵器として出てきたものですし、ジャベリンにしても１９９０年代前半ごろの多目的ミサイルです。あれは40年くらい前のものでしょう。

鈴木　そうですね。古いミサイルです。

佐藤　戦闘機についても、ポーランドとスロバキアがウクライナに提供することになったミグ29、あれに至っては、１９８３年に配備が開始された機体です。まさに在庫一掃的な兵器供与に思えてなりません。

鈴木　ドイツではそう言っていましたね。ドイツが最初、提供すると言っていたものが、まさに在庫一掃だと指摘されました。確かにドイツは防衛予算を縮小していたことから、兵器の老朽化が問題視されてはいました。提供されたマルダー歩兵戦闘車などは１９７０年代からドイツ軍で使用されている旧式のものですからね。

佐藤　これは根本的な問題なのだけれど、各国の兵器には互換性がありません。だから、弾が合わないし、融通が利かないのです。榴弾砲しかり戦車しかり、みんな違う弾を使いますし、整備の方法も異なる。一方、ロシアは規格が統一されています。さらに、弾切れも起こしていない。兵器は潤沢にそろっています。西側陣営は、いかに面倒くさい国と戦争をすることになってしまったのか、そろそろわかってきたはずです。

第5章

ロシアを悪魔化させる情報戦争

西側を悪魔崇拝者と断定したプーチン大統領

佐藤　情報戦争のことを再び話したいと思います。有事の情報分析で重要なのは、感情を掻き立てる情報があったら、まずそれは排除することです。双方が残虐宣伝をしているからです。それから、有事の国家指導者の発言も、同様によく見ておかないといけません。

先日、池上彰さんとの共著『プーチンの10年戦争』（東京堂出版）を刊行したのですが、この本では、プーチン大統領の演説を7本、ゼレンスキー大統領の演説を3本翻訳して、それを分析してみました。その中でも興味深いのは、ゼレンスキー大統領のイギリス議会での演説で、黒海に浮かぶズミイヌイ島（蛇島）での戦闘に関して、「我々のズメイヌイ島で、最後まで島を守り抜いた国境警備隊は皆、英雄として死亡した」、つまり全員玉砕したと公言しているのですが、実際は、その兵士たちが無事生存していたことがそのすぐ後に判明しています。池上さんも言っておられましたが、ゼレンスキー大統領の演説はほとんどが扇動で、分析の対象にならないのです。プーチン大統領とは位相が全然違う。

鈴木　プーチン大統領の演説をきちんと見ていれば、狙いは明確にわかります。ただ、戦争の性格が途中から変わってきた印象があります。

佐藤　明らかに変質しています。この戦争の初期段階は、鈴木先生が言ったように、ウクライナの東部に暮らしているロシア系の住民たちの処遇をめぐる、ウクライナとロシアの二国間戦争でした。それがアメリカの介入によって「価値観戦争」になってしまいました。民主主義対独裁という構図です。当初、ロシアは価値観戦争という話には乗ってきませんでしたが、ハリコフでのアメリカとイギリスの特殊部隊による攻勢から、ロシアの視点は変わってきた。

２０２２年10月に行った、４州のロシア編入を宣言した式典での演説でプーチン大統領は、性的指向などをめぐって、「西側エリートの独裁は、西側諸国の国民を含むすべての社会に向けられています。全員への挑戦状です。このような人間の完全否定、信仰と伝統的価値の破壊、自由の抑圧は、『宗教を逆手に取った』、つまり完全な悪魔崇拝の特徴を帯びているのです」と指摘しました。この戦争の本質は、真実のキリスト教徒であるロシア正教徒と悪魔崇拝者との戦いであると言っているわけです。悪魔崇拝とは「サタニズム」です。こういう戦いというのは、終わりがないのです。

鈴木　わかり合えない者同士であると認識した、ということですね。

佐藤　そうです。両国はますます自国に都合のいい情報をさらに流し始める。こういうときだからこそ、感情を搔き立てるような情報に振り回されてはなりません。客観的なデータを渉猟することと、国家指導者の意思を読み解くことです。先ほどの演説の分析からも、かなり把握することができます。

鈴木　サタニズムにまで発展した戦争は、過去にもあったのですか？

佐藤　近代では珍しいですね。むしろ、これは中世の概念です。「新しい中世」ということかもしれない。それまでは背後には必ず利権があって、建前としてですが「民主主義を守るための戦争」を標榜する者が多かった。でも、実態はかけ離れていて、どう考えても利権とはあまりつながりそうにありません。アメリカにも短期的には利権がもたらされるのだろうけれど、ウクライナが勝てるとはアメリカはまったく思っていない。ウクライナに対して資金を投下し続けていますが、焦げ付くだけだということはアメリカもわかっています。もちろん、焦げ付いた不良債権は、西側各国から取り返そうと思っているのでしょう。

鈴木 わけのわからない戦争になっているわけですね。アメリカには、この戦争によってロシアを弱体化させる狙いがあったと、すでにお話ししましたが、そもそもロシア国民の日常生活へのダメージはほとんどなかったんですよね。

佐藤 そうです。耐乏生活を強いられることをアメリカは目論んでいたのでしょうけれど、耐乏という状況にはなりませんでした。

鈴木 まったく通常通りの生活を送っていますね。特別軍事作戦の前後で、何ら変わっていない。

佐藤 経済制裁は、まったく響いていないのです。これはある種のデカップリングが進んでいると言える。アメリカ主体の経済の枠組みから切り離されて、むしろロシアは強くなっています。西側に依存せずに生き残ることができるようになっている。ロシア国内の中小企業も活性化していますからね。あれだけ大きな国だから、自分たちの力だけで生きていけることに気付いたわけです。イギリスの国防省がロシアには労働力が足りていないなどの情報を流しましたが、まったく実情とずれている。現在のイギリス発の情報は完全にプロパガンダ一色になっています。だから、イギリスからこの手の情報が流れるということは、ロシアはうまくいっているととらえたほうが正しいと思います。

経済制裁が響かないロシアの生活文化

鈴木　アメリカは、ロシア国民の生活がまず参ってしまうだろうと想定していたようですが、現実はまったく違っていました。

佐藤　例えば、両国の大都会のモスクワとニューヨークを比べて考えてみると、ニューヨークで一番大変な戦いは何の戦いだと思いますか？　ネズミなんですよ。今、ブルックリンではネズミが大量発生していて、人がネズミを避けて歩く事態になっているそうです。ニューヨーク市長が「ネズミとの戦い」を宣言しています。

鈴木　そんなに増えているのですか？

佐藤　はい。その原因は諸説ありますが、まず、ゴミの収集などの公共サービスがうまくいっていない。それに付随して、ホームレスが増加しています。再開発によって住処を奪われたネズミが表通りに出てくるようになったとの分析もあります。

当然、モスクワではネズミとの戦いなんて起きていません。衛生状態の面でも格段の違いがある。平均寿命こそアメリカ（78・5歳）のほうがロシア（73・2歳）より上ですが、1000人当たりの乳幼児死亡率はロシア（4・1人）がアメリカ（5・4人、以上、2023年3月のWHO統計）を下回っています。経済統計は嘘をつきますが、人口統計は嘘をつきません。また、これはアメリカの共和党系シンクタンク「ナショナル・インタレストのためのセンター」のドミトリー・サイムズ所長が言っていたことですが、ソ連時代のモスクワに来ると、「なぜみんな、こんなに悲しい顔をしているんだ？」と疑問に思ったといいます。それが今は逆で、首都ワシントンと比べてもモスクワのほうが人の顔が明るい。

鈴木　確かにそうですね。

佐藤　ロシア人とアメリカ人は、根本的に違うのです。ロシア人の場合、大変な状況になっている人がいれば、みんなで助ける文化がある。ソ連時代からそうなのだけれど、学生時代などにバックパッカーのような貧乏旅行でソ連を訪れた人で、ソ連を悪く言う人はほとんどいません。困っていると、食べ物を分けてくれたりとか、いろいろと親切にしてくれるから。逆に、自分よりお金を持っていると思われると、

1990年代のモスクワにいたときのことですが、かなりむしられた経験のある人は多いです。お金に関して自分たちと同じ浸透圧になるまでは、ロシア人のほうが力があると思ったらいくらでも出してくれる傾向があります。外国人のほうが力があると思えば、もらっても平気と思っている。助け合いの感覚が日本人とは違うのです。

鈴木　ロシア人は最低限、自力で生きていくためにはどうしたらいいかという頭づくりができているのだと思います。

佐藤　そうですね。だから、必ず備蓄をしている。

鈴木　食べ物をちゃんと備蓄していますし、家庭菜園も作っている。これはロシア独特のものなのだけれど、「ダーチャ」というのは、私は大変な文化であり歴史だと思いますね。

ダーチャ　郊外にある別荘。都市部に暮らす人々が、休息や仲間との集い、お祝い事をするほか、野菜や果物を作る家庭菜園として活用することもある。ロシア人の生活と文化に欠かせない存在。主に5〜9月に利用する人が多く、厳

冬期を快適に過ごせる設備があるものは少ない。労働者の休息用に政府から供給されたが、数が不足。スターリンの時代には学者や著名作家などの一部の層に向けて供給されるようになったが、50年代以降、一般層も購入できるようになった。

佐藤　ダーチャはＧＤＰに反映されない、自家消費です。ロシア人の備蓄の習慣はものすごく強いですからね。

鈴木　間違いなく、１年分くらいの生活は自前でできるくらいの備蓄が身についています。保存の利く野菜全般、芋などの根菜類、ピクルスなどを漬ける家庭もありますね。いろいろな果物を使ったシロップ漬けも。

佐藤　特に、ジャガイモの備蓄を重視します。

鈴木　２０１４年のクリミア併合のときも、ロシアは経済制裁を受け、ヨーロッパからは食料が入ってこなくなった。ところが、ロシアには広大な土地がありますから、一斉に農業生産を強化することで食料の輸入減に対応した。そのおかげで自給率が上がり、逆に、米をはじめとする農産物の生産が活況となった。自前で生活できるレベルの収穫量になっています。

佐藤　２０１２年の干ばつによる不作もありましたが、その後の収穫量は右肩上がりです。２０２１年は前年が豊作だったため若干のマイナスにはなりましたけれど、２０２２年には穀物が史上最高の豊作ですからね。

鈴木　あのクリミアのときの制裁は、今のロシアの基礎体力になっているわけです。今回の軍事侵攻も同様ですが、西側陣営の現状認識と予測は甘かったと思います。輸入されなくなったけれども、ロシアは自前で作ることができます。

佐藤　それから、トルコとイスラエルがロシアに対して制裁を掛けていないことも大きいですね。トルコ産、イスラエル産の野菜や果物がたくさん入ってくるようになっている。だからヨーロッパの供給ルートを止められても、中東から入ってくるから、インパクトはないのです。経済制裁が奏功しなかったということにも、ロシアに関する西側陣営の情報分析の精度の低さを痛感します。

経済安全保障の利いた国家体制

鈴木　いずれにしましても、情報の偏重が極端です。そもそもロシア人の生活力の強さには、かつてのソ連崩壊の経験が生きていると思うのですが、佐藤さんはどう捉えていますか？

佐藤　同感です。さらに言えば、２段階あったと思います。まず最初は１９９８年の事実上のデフォルト（債務不履行）です。

鈴木　エリツィン政権の時代ですね。ロシアの輸出の８割を占めていた天然資源の中で、原油の価格が大幅に下落し、通貨のルーブルも同様に急落しました。ロシアの金融機関でも多くの破綻がありました。

佐藤　デフォルトを起こしたのは、小渕さんが訪露する直前くらいのころでした。それまでのロシアでは安価な外国製品が多かったのが、ルーブルの急落のおかげで、一部ではロシア製品に戻るようになりました。

鈴木　その次が２０１４年、クリミア併合によって西側から経済制裁を加えられ、ヨーロッパのものが入ってこなくなった。それでロシアは自国で生産するようになったのです。

佐藤　自国生産で言うと、アメリカの場合、例えばスティンガーミサイルにしてもジャベリンにしても、政府がいくら「作れ」と命じても、軍産複合体のほうが生産ラインを増やそうとはしないのです。戦争はいつ終わるかわからないので、仮にラインを増やして生産量を増やしても、戦争が早々に終わってしまったら、あとの面倒を誰が見てくれるのか。誰も見てはくれません。軍産複合体の自己責任ということになる。これなどまさに、自由主義経済の発想です。ただ、ロシアの軍産複合体は国営だから、体制に影響は与えていません。ロシアが弾切れを起こさないのも、国防産業が国営であることに理由があります。

鈴木　２０２２年末、プーチン大統領がミサイル工場を視察しました。これも軍産複合体の背を押したことでしょう。

佐藤　トゥーラ州の工場でしたね。そうした軍産複合体に関して、「経済安全保障」という言葉が話題になっています。文字通り、「経済的手段によって安全保障の実現を目指す」ことを指すのですが、これがどういうことかざっくりと言うと、経済合理性の論理だけでは国家は成り立たないということです。安全保障や経済合理性のものさしで測ってマイナスになる場合でも、逆にやらなければならない事情もある。

例えば、宮沢賢治の『雨ニモマケズ』の作品中の言葉なのですが、玄米を一日何合食べていたでしょうか？　正解は4合（０・６キロ）でした。今のお米の消費量から考えれば、明らかに食べすぎなのだろうけれど。

鈴木　一日4合というと、一年で１４６０合＝２１９キロ。今の日本人は一人で一年間、どれくらいの量の米を食べているのかを調べると、約50キロだそうです。それ以前で一番食べていた時代が、１９６２年の約１２０キロ。約80年前の単位で言えば、米俵2俵分ということになります。

佐藤　国民が飢えないためには、どれくらいの米を作ればいいのかを考えてみると、いざとなったときに、カロリーベースで今の約5倍の米が作れる水田の備えをしておけば、国民は絶対飢えないそうです。

鈴木　今の我々は、1年で約50キロまで米の消費量は減りましたが、おかずだけで満腹になるくらい食材が豊富になったからとも言える。昔の日本人の食卓には、しょっぱい漬物と、みそ汁と、玄米くらいしかないわけですから。米で腹いっぱいになる。

佐藤　ソ連時代には小麦を輸入していた時代もありましたけれど、２０１４年のクリミア併合時の経済制裁に対抗するために、食料安全保障の実現を図りました。

鈴木　今、ロシアとウクライナで世界の33％の小麦を生産しています。パン、うどん、そば……ロシア産のものを禁輸していけば、すべて値段が高騰していきます。

佐藤　制裁措置が続く今年でも、５５００万トンの小麦を輸出する能力があるのですから、ケタ違いですよ。西側陣営からの経済制裁によって、むしろロシアの生産能力は上がったと言えます。

鈴木　９年前、果物も食料も西側はロシアへの輸出を止めましたが、ロシアには広大な土地があり、そこへプーチン大統領が「生産せよ」の大号令をかけた。それ以来、生産力が上がりました。ダーチャの文化もあって、ロシア人には備えあれば憂いなしの考え方が浸透しています。自分たちは最低これくらいあれば生きられるということがわかっているのです。

佐藤　だから明らかに、経済制裁がうまくいかなかった。地下資源があって、農業がきちんとできる国に対して、経済制裁をかけても意味がないのです。ロシアからの輸入を制限したことで、石油や小麦が高騰したように、逆に副作用のほうが大きくなる。でも、日本の場合は副作用が非常に小さかった。石油もガスも海産物なども、軍事侵攻前と同じようにロシアから買っているからです。なぜそこで「抜け駆けだ」という批判が出ないのか。先日、ウォールストリートジャーナルが日本の支援が少ないことを批判していましたけれど、それでも抜け駆けだという議論が出ないのは不思議です。

バイデン後のアメリカは戦争に傾倒するか

佐藤　西側陣営の情報分析精度の低下に話を戻します。鈴木先生が言っていた即時停戦についてですが、そもそも停戦に向かうための正しい情報が得られていないことが問題です。双方にバランスの取れた情報が不可欠なのです。停戦とは、両国が勝てると思っている間は起きません。ロシアもしくはウクライナが「もう、これは勝てない」と思うのはいつかを考えれば、簡単な話です。西側陣営が少しでも支援を締めれば、ウクライナは手を上げるしかありません。

鈴木　ウクライナが自国の力だけでロシアと戦って勝つことはできません。

佐藤　時期的には、２０２４年11月のアメリカ大統領選挙が大きな目安になると思います。どの政権になるとしても、アメリカおよび西側各国が現状のまま、武器や支援金をウクライナにつぎ込むことはできません。だから、長くもったとしても来年11月までだと私は思います。そこまでヨーロッパが耐えきれるかという問題もあります。こうした世界的な有事のときこそ、メディアやジャーナリストは日本の真の国益を考えるべきです。日本はこの戦争の当事者国ではないので、なおさら扇動的な情報とは距離を置く必要がある。このままアメリカに追従していくことが真の国益になるのか。このままバイデン大統領にばかり入れ込んでいると、来年、トランプ氏が再臨したときには「利息を付けて返せ！」ということになりかねません。だからこそ、アメリカの内政を見ておく必要があるわけです。

鈴木　ロシアの現状を知らないのと同様に、アメリカのことを理解していない日本人は少なくありません。

佐藤　アメリカではかつてなく分断が進んでいます。だから、バイデン政権＝アメリカという見方のままで果たして大丈夫なのかということです。日米関係に関しても、バイデン政権以外のアメリカとどう付き合っていくのかを考えなければなりません。2024年の大統領選挙の共和党候補の指名争いに立候補しているフロリダ州知事デサンティスと岸田総理が会っているということは、バイデン後の保険をかけ始めているということです。

ただ、もちろん、トランプ氏の捲土重来も可能性としては十分にあり得る。トランプ氏はニューヨークで起訴されましたが、特に最初の基礎案件はかなり無理筋な話でした。ポルノ女優ストーミー・ダニエルズと不倫していた話について、口止め料約1400万円を払ったというものです。容疑の性質からして極めて下品な案件です。やはり大国の大統領を務めていた人物を起訴するには、それなりに品格のあるものでなければいけなかった。ここにきて、二つ目の起訴となる政府の機密文書の保持と司法妨害の件があげられました。

鈴木　核兵器や軍の能力に関する情報など、最高機密を含む文書を不正に自宅で保管していたというものですね。トランプ氏は「でっち上げ」だと否定していますけれど。

佐藤　これが事実であると証明されるのであれば、国防に関する情報を故意に保持した、スパイ防止法違反の罪にも問えるでしょう。また、起訴されてはいませんが、例えば、国会議事堂襲撃を命じたとか、どこかの州の選挙で票を回せと指示していたとかであれば、これは明らかに政治犯罪です。しかし、不倫相手のポルノ女優への口止め料の支払い問題は、政治ではなくトランプ氏個人の問題です。

こういう案件から起訴するのであったら、それはトランプ支持派でなくても、政敵を潰すための刑事事件の利用じゃないかと疑う目も出てくるでしょう。「政治的な受難だ」とするトランプの主張のほうが強い印象もあります。しかも、連邦で起訴されるのであれば、独立検察官が対応するので政治的には中立となりますが、口止め料の件は、反トランプ派である投資家ジョージ・ソロス氏に近いニューヨーク州の検察官による起訴ですから、政治的中立性は果たして担保されるのかという問題も出てきます。

鈴木　とにかく早く、どのような案件でもいいから、トランプ氏を一発有罪にしようという意図が働いていると捉えても、決して不自然ではありませんね。ただ、民主党であろうと共和党であろうと、私にはアメリカという国がよくわからなくなってきています。アメリカの民主党政権は人権を掲げますが、なぜ黒人を殺すような出来事が頻発するのか、なぜ差別が一向に終わらないのか。国内に軋みが生じているのに、なぜ他国の内政について人権問題を指摘するのか。これは明らかな矛盾です。

先のオバマ大統領が黒人初の大統領と言いながらも、その属性が何か黒人への差別意識を変えることができたのでしょうか。どうも言っていることとやっていることの間には大きな乖離があるなという印象を受けています。バイデン大統領も人権や民主主義を語りますが、現状の分断はあまりにも深刻です。同盟国であるとはいえ、私はアメリカの内政を冷静に見ないといかんと思いますね。

佐藤　本当にその通りだと思います。だからこそ日本の立ち位置をよく考えるべきときなのだと思います。アメリカを敵に回すということではなく、何が日本にとっての本当の利益なのかということを。ウクライナ戦争はプロレスの試合じゃないんですよ。興奮して、悪役レスラーを叩くという格好になってはダメです。

鈴木　テレビをはじめとするメディアは、まさにそういう感じになってしまっています。

佐藤　だからみんな、テレビを見なくなっていくんですよ。

ウクライナ特務機関が狙ったロシア系言論人

鈴木　ウクライナ侵攻に関する報道自体、以前よりだいぶ減りましたけれど、比率で言えば、ウクライナの状況を流しているのが8割、ロシアは2割でしょう。

佐藤　もっと極端じゃないですか。ウクライナ9割、ロシア1割。いや9割5分がウクライナですよ。西側のメディアの中でも、留意すべきなのはBBCです。プロパガンダ情報が相当数含まれている。イギリスの報道が中立だったのは一昔前の話ですし、BBCだけでなく、イギリスのインテリジェンス機関も、大手紙ガーディアンも、プロパガンダ一色になっています。イギリスの劣化は著しいと私は見ていますし、エマニュエル・トッドさんも同様な指摘をしている。イギリスの国防省発信、アメリカのネオコン系の戦争研究所などは、プロパガンダ機関なのですから、客観的な情報として扱ってはいけないんです。

これは日本であまり報道されていませんけれど、ザハル・プリレーピン氏というロシアの作家、この人が２０２３年5月に暗殺されそうになった。彼は我々とも親しいロシアの政治学者カザコフさんの友人です。つまり、ウクライナ側が軍人ではないオピニオンリーダーをテロにかけるようになっている。ロシア人思想家アレクサンドル・ドゥーギン氏の娘ダリア氏の件もそうでした。

ロシア人作家とロシア人思想家への自動車爆破テロ

ロシア人作家ザハル・プリレーピン氏が２０２３年5月6日、ロシア西部のニジニーノブゴロドで乗っていた車が突然爆発。重傷を負った。路上に仕掛けられた爆発物によるものだった。プリレーピン氏は、プーチン政権のウクライナ侵攻を支持していた。拘束された容疑者はウクライナ特務機関の指示であったことを自供した。ロシアによるウクライナ併合を提唱してきたロシア人思想家アレクサンドル・ドゥーギン氏の娘でジャーナリストのダリア氏が２０２２年8月20日、モスクワ郊外で運転中の車に仕掛けられた爆弾が爆発して死亡。爆発した車はドゥーギン氏の所有だったが、直前になって他の車に乗ることになった。ドゥーギン氏はプー

――チン大統領と近しく、対外政策にも影響を与えたとされる人物。アメリカ情報当局は、ウクライナ政府の一部が攻撃を承認したと判断している。

鈴木　オピニオンリーダーまでが矛先になるということは何を意味しますか？

佐藤　それくらいウクライナが追い詰められているということです。情報発信者、言論戦で発信力のある者を殺害してしまえばいいという、戦況を有利に運ぶための情報流出では足らず、不利益な情報を流す者をターゲットにする。しかも、軍人や政治家を狙うのではないのですから悪辣です。

鈴木　戦場で司令官クラスをターゲットにしているのとは違いますからね。

佐藤　テロのやり方がすさんでいるのです。言論人を狙うのはなぜかというと、情報戦や論戦での勝ち目がないからそういう手段をとるのです。ロシア側はそれなりの議論を組み立てられるけれど、ウクライナにはそれができない。

鈴木　情報発信の根の部分を狙った、極めて血なまぐさい出来事です。

自国に不利な場面も報道するロシアメディア

佐藤　私は著書『ウクライナ「情報」戦争』（徳間書店）でも記しましたが、ロシア側の情報を得ようとしない限り、状況をフラットに見ることはできません。ロシア発の情報は虚偽であるとして、西側陣営の情報ばかりをうのみにするのは、極めて危うい。

例えば、バフムートは激戦地です。バフムートと呼ぶのはウクライナ側の人で、ロシア側の人はアルチェモフスクと呼ぶので、ロシアのメディアを見ていても、バフムートという名前はほとんど出てきません。この地域にしても、ロシア側メディアは最前線にカメラを入れて撮影している。毎日リアルタイムで報道しているから、映像も緊迫の度合いが西側のメディアとは全く異なります。ロシア軍がバフムートの75％以上を掌握したという報道があり、その一方、ウクライナ側は東部バフムートの前線を進めたと反転攻勢に出ていることを主張しています。

このバフムートでの戦闘は、かつての太平洋戦争におけるガダルカナル島の戦いと同じ意味合いを持ちます。日本の識者や軍事専門家の中には、バフムートをめぐる攻防を「大した意味がない」「ウクライナがロシアに押されて撤退しても影響はない」などと言っている人がいますが、そうではない。ガダルカナルだって大した意味はなかったのです。ここで展開されたのは、日本と連合国軍による消耗戦でした。消耗戦は勝つまでやる戦闘です。どちらが勝つのかは、どちらのほうが物量において強いのかを示してくれる。

今回のバフムート／アルチェモフスクの帰趨《きすう》が、この戦争に決定的な影響を与えるのです。戦力、戦況が可視化される。物量がどうなっているかが目に見えるということですから。

鈴木　ロシアの情報だけは信用しないというのは、明らかにバランスを欠きます。

佐藤　情報を取ることに対して、誰もが怠慢になっている。ロシアのサイトへのアクセスは、日本やアメリカからではなかなかつながりませんが、私はカナダのｅｔｖネットを経由させて、ロシア、ウクライナ関連の報道を見ています。

鈴木　佐藤さんから報道の動画は拝見しました。最前線に記者が入っていますね。

佐藤　そうなんです。本当に戦線の２００メートル、３００メートルのところにまでカメラ持参の記者が入っている。バフムートの状況にしても、最前線から街の中でのデモ行進、破壊された建物の前でみんなで歌っている様子、さらには一つひとつの建物をずっと定点観測しているものもありますから、時々刻々の変化がわかる。去年は、バフムートではないですが、ドネツク州の前線で女性記者が撃たれて運び出される緊急事態も撮影されていました。だから、取材する側も気合の入り方が全然違う。安全圏で報道をしているメディアとはわけが違います。

鈴木　キーウの撮影とかとは別物ですね。

佐藤　リアルタイムでの戦況などは、ロシアメディアの放送を見たほうがわかります。自軍の勝利、善戦ばかりを伝えるような調子のいいものばかりではありません。こうやって東京にいても見ることはできるのですから、情報が入ってこないというのは怠慢であり、大嘘ですよ。

鈴木　ロシアの報道の仕方は、西側に比べて抑制的な印象はあるのでしょうか。

佐藤　決して抑制的ではないのですが、ロシア側メディアは自国に不利なところも含めて放送します。うまくいっていない部分を報じる目的は、国内の引き締めにあると思います。ウクライナみたいに「いつでも我が国の勝ちだ」みたいな扇動ではないです。

鈴木 自然体ということでしょうか。

佐藤 そうです。不利なところを報道すれば、国民の気持ちが緩まなくなります。ロシアの政権運営において、国民の信頼を得ることは非常に大事で、国民に対して嘘をついているというレッテルを貼られると、大変なことになってしまいます。ロシア人は穿《うが》って見る傾向が強い。

例えば、2023年4月にアメリカの安全保障に関わる最高機密を不正に持ち出し、保持・送信したとして逮捕されたアメリカ空軍の州兵テシェイラ被告の事件にしても、おそらくロシア人は誰も信用していません。これは絶対に情報操作だ、そんな二等兵がどうして国家の最高機密に容易にアクセスができるのか、絶対これは怪しい。これは我々を油断させるために、西側連合が嘘情報を流しているのだと思うでしょうね。

テシェイラ事件 2023年4月、アメリカ空軍州兵のジャック・テシェイラ容疑者がアメリカ軍の機密文書漏洩にかかわった疑いでFBI（米連邦捜査局）に逮捕された。米国防総省などによれば、ウクライナ侵攻に関係する作戦、

ウクライナ支援により足りなくなった弾薬補充のための韓国との交渉などの情報が含まれているという。情報流出は対話アプリ「ディスコード」などのSNSを通じてだった模様。テシェイラは当時21歳、マサチューセッツ州オーティス空軍州兵基地にて情報部門に所属。階級などに関係なく機密情報にアクセスできていることも問題視された。

ロシア版『朝まで生テレビ！』の濃密討論

鈴木　情報へのリテラシーは、日本人よりロシア人のほうが高いのかもしれません。

佐藤　それは間違いなく高いでしょうね。ロシアの討論番組などを見ても、かなり闊達《かったつ》に議論していて、情報への感度の高さを感じます。ロシアのテレビ番組で言うと、西側の人たちに向けてロシア側が見せたい番組があります。例えば、前にも触れた第一チャンネルの『グレート・ゲーム』『時代は示す（ブレーシャイパッカージェト）』。ロシア・テレビなら『60分』と『ウラジーミル・ソロビヨフとの夕べ』。

これらはよく日本の保守派のかたたちも好んで引用されているのですが、ロシアはここから結構重要な情報を流しています。

あともう一つは、独立テレビの『出会いの場』。ジャーナリストの田原総一朗さんが司会進行をされている『朝まで生テレビ！』（テレビ朝日系）のように様々なジャンルのパネラーが並んで、激論を交わします。司会者のノルキン氏も田原さんのようでちょっと似ている。番組構成も日本の『朝生』と似ていて、途中喚き散らす人とかもいます。これは議論になっていないなという場面が結構あるのも似た雰囲気です。

鈴木　西側に見てほしい番組というのは、どういう狙いなのでしょうね。

佐藤　もともとはロシアのエリート向けの番組なのです。『ウクライナ「情報」戦争』で第一チャンネルの要点を取り上げたときにも記したのですが、ロシアの放送は「宣伝」と「扇動」を分けている。この『時代は示す』『出会いの場』『ウラジーミル・ソロビヨフとの夕べ』は宣伝に属しますが、国外向けではなく、基本的にプーチン大統領の行動原理をロシア国内のエリート層に伝えるためのものであり、我々からすれば非常に資料性の高い内容です。

鈴木　ロシアのメディアの見解や情報を、永田町でもだいぶきちんと受け止めてくれる人が増えてきたように思います。

佐藤　政治家や経済人を相手にクローズドの場で話をすると、みなさん非常に興味を持って聞いてくれます。西側陣営の色のついたものではない、生の情報を求めているのです。特にプーチン大統領に関しては、生の情報があまり出回らないですし、そもそも直接接触した人が少ないですから。

第6章

私たちが対面したプーチン大統領の真実

プーチン大統領の目に光った人情家の涙

佐藤　鈴木先生は、プーチン大統領とは何度も会われていますよね。

鈴木　これまでに4回会っています。最初にお目にかかったのは、2000年の4月4日でした。

佐藤　これは外国の要人としては初めてのことですよね。

鈴木　そうですね。この年の3月26日のロシア大統領選挙でプーチン氏が当選されて、その後、外国の政治家として会ったのは、私が第一号でした。そのときのプーチン大統領から受けた印象で今も変わっていないのは、人情家ということです。そのときは佐藤さんも現場にいたから、雰囲気はわかっていると思います。

当時、私は小渕恵三総理の特使としてロシアに行きました。その年の3月31日未明に小渕総理が倒れられて、再起は無理、生死の境をさまようような状態になってしまった。そうした緊急事態の中で、次期総理に内定していた森喜朗幹事長（当時）から、「鈴木さん、予定通りに行って、私とプーチン大統領との首脳会談の日程を取り付けてほしい」と言われた私は、4月3日、ロシアに向かいました。クレムリンでプーチン大統領に会ったのは、4日の午後3時。最初の5分、10分喋ってみたものの、向こうは椅子の背もたれに深くもたれたままの状態で、こちらの話には関心がない、積極的に聞こうという姿勢ではなかった。これはどこかで局面を変えないといかんなと思いながら、私は一生懸命喋りました。

そこで、ふと気が付いたのが、たまたまプーチン大統領と対面していたその部屋が、小渕総理とエリツィン大統領が会談をした部屋だったということでした。それで、はっとひらめいた私は、こう切り出しました。

「プーチン大統領、1年半前、あなたが座っているその場所にはエリツィン大統領がいました。そして、私が座っているところには小渕総理がいました。当時、私は官房副長官で小渕総理の隣にいました。大統領、いまご案内の通り、小渕総理は極めて危険な状況におられます。残念ながら、政治家としての再起はありません。後継は森喜朗さんがなられます。これまで日本の総理大臣の慣例として、就任後の最初の外国訪問はアメリカに行くことが定番になっていますが、森次期総理はロシアを一番最初の訪問先にしたいと言っています。その約束を取り付けさせていただくために、私はここに参りました。私は今、この場に小渕恵三がいるという思いで、大統領、あなたと相対しているのです」

ここで不覚にも、私はぽろっと涙を流してしまった。すると、背もたれにもたれかかっていたプーチン大統領が、急に前かがみになった。そして手を組み、話を聞く態勢になってくれたのです。

佐藤　プーチン大統領も涙を浮かべていましたね。ただ、その前段階で、駐ロシア大使を務めていた丹波實《みのる》氏が「日露首脳会談はない」とロシア側に伝えていたため、プーチン大統領はすでに別の日程を入れていたのです。それで、プーチン大統領は自ら手帳を開き、「その時期は予定が入っているけれども、森さんとの日程を入れましょう」と、その場で予定を組んでくれました。それで私にはピンと来たんです。あのときの丹波氏の挙動が、鈴木先生がモスクワに到着して以来、明らかに不審だったのです。

要するに、小渕総理が大変な状況になってしまっている中、鈴木先生が親書を持ってロシアに来ているけれど、次の総理との会談日程などまだ入れなくてもいいんじゃないのかと、彼が判断していたのではないか。

鈴木　丹波氏とは、私は昔から親しかったんです。私がロシアの空港に着くと、

「宗さん！」と呼んで迎えにきてくれるような仲でした。しかし、彼もまあ、いろんな顔のある男でしたからね（笑）。1994年、自社さ連立政権での首班指名は社会党委員長の村山富市氏でしたが、私は「海部俊樹」と書いたのです。このとき、丹波氏が飛んできて、「政治家の鑑です！　先生についていきます！」と熱いメッセージをもらったこともありました（笑）。佐藤さんがおっしゃった通り、次期総理になるのは森さんだろうけれど、本会議で正式決定されたことではない。まだ決まっていない人で予定をもらうのは外交上失礼だと言うんですよ。思い出せば確かに、丹波氏は挙動不審でした。

佐藤　それと、これはテレパシーはあるものなのかもしれないと思わされた出来事なのですが、大使公邸で鈴木先生が丹波氏からの話を聞いていたところ、公邸の台所の勝手口にある電話が鳴ったのです。東京からの電話でした。公邸のスタッフが出ると「鈴木さんを出せ」と言っている。その電話は、森さんから依頼された秘書か自民党の職員からの電話だったのです。それで、すぐに台所に鈴木先生を呼び出した。すると、森さんからは「絶対にプーチン大統領との日程を取り付けてくれ」と言う。

鈴木　その場で日程を決めてきてほしいと言うんですよね。

佐藤　テレパシーのように、森さんも「何やら不審なことが起こっている」ということを感じたのかもしれません。「とにかく鈴木先生を探し出してくれ」ということでした。そのとき、丹波氏はあわててロシュコフ外務次官に電話をしました。事情を話すと、「あれ？　来ないということではなかったのですか？　すでに日程を入れていますが、月末の連休に予定を入れます」ということになったのです。危ないところでした。

人払いした場でプーチン大統領からの「お願い」

鈴木　プーチン大統領自ら手帳を出して、「4月29日、サンクトペテルブルクで世界アイスホッケー選手権試合があり、私が主催者です。そこに次期総理をお迎えします」ということになり、日程が確定できたわけです。

佐藤　日程を押さえられた後、プーチン大統領から我々への依頼もありました。プーチン大統領が「ちょっと人払いをしてください」と言う。そして鈴木先生に「折り入ってお願いがあります」と言ってきた。「可能であるのならば、アレクシー2世（ロシア正教の最高責任者、総主教）を日本の天皇陛下に謁見《えっけん》させてもらえないでしょうか」と。このとき、ロシア側の通訳も払った状態でしたよね。プーチン大統領が「お願いです」と言った。ロシア人は、信頼をしている人にしかお願いをしません。

鈴木　私を除いてみんな外してくれとプーチン大統領は言いましたが、私はロシア語がわからないので、佐藤さんにだけ残ってもらいました。日本の外務省から来ていた通訳も外して、佐藤さんだけを残したんです。

佐藤　ここでプーチン大統領との間に信頼関係ができたのです。アレクシー2世はなかなか難しいところもあるかたで、オウム真理教がロシア正教会に近づいていたことがあるので、日本側としては来賓として対応するには、いろいろと面倒な部分もあったのです。オウムがどういう教団であるのかなど、あまり理解はされていなかったのだと思いますけれど。

鈴木　警察側もそれが理由で難色を示しました。天皇陛下への謁見ですから、それは当然の反応でしょうね。しかも、当時の宮内庁長官は警察官僚出身の鎌倉節《さだめ》氏でしたから。でも、プーチン大統領のお願いには、今後の日露関係のためにも全力で対応しなければなりません。プーチン大統領はロシア正教への信仰心が篤いかたですし、アレクシー2世との関係もあります。プーチン大統領が言うには、総主教（アレクシー2世）はロシア国民にとってローマ教皇（法王）と同格なのだと。「アレクシー2世が陛下と謁見できれば、ロシア国民の日本に対する受けとめ方も変わってきます。これは日露関係において非常に意義のあることなのです」と言う。プーチン大統領は非常に熱心でした。ただ、それが極めて難しいお願いであることも理解されていたので、非常に丁寧な言い方だったことをよく覚えています。

佐藤　もしできるのなら……という言い方でしたね。

鈴木　いろいろな事情があるとは思いますが……とも言っておられた。帰国後、早速、森総理にその旨を伝えたところ、私に一任してくださった。これは一大任務です。それで私は鎌倉長官に会い、頼み込みました。今後の日露関係のためにも、ぜひ汗をかいていただきたいと。鎌倉長官のご尽力もあって、2000年5月17日、謁見の場はセットできました。

佐藤　その後、お礼の会食がホテルニューオータニで行われて、私も鈴木先生にご一緒させていただきました。

鈴木　プーチン大統領はその年の9月に訪日されました。国連ミレニアム総会に出席するときだったのですが、開催地がニューヨークだったので、ロシアからなら大西洋を越えていけば近いのに、わざわざ東京を経由して。そのときプーチン大統領が日本で会ったのは橋本龍太郎元総理、森総理とは首脳会談を行いました。そして、ロシア側からは「大統領が鈴木議員に会いたいと言っています」と伝えてきたのです。喜んで私は会いました。そのときの大統領の第一声が、「アレクシー2世も陛下に謁見できて非常に喜んでおられました」と。その年の8月、ちょうどプーチン大統領の就任3か月後に、ロシアの原子力潜水艦のクルスクの沈没事故があり、その対応の遅れを指摘することがあり、大統領批判の大合唱が起きたのですが、アレクシー2世が「静まれ。これはプーチンの責任ではない、スターリンだ。スターリンの残滓《ざんし》である」と言って、騒動を収めたと聞きました。

佐藤　クルスクの事故のとき、鈴木先生と私はちょうど文化行事のセッティングのためにユジノサハリンスクへ行っていたのだけれど、先生の的確な判断が奏功しました。その行事で流す歌舞音曲を制限しなければならないが、どうしようかと。そうした場合、時間を短縮して哀悼の意を示す方法があります。さらに、着用するネクタイなども明るめな色はやめて、先生はグレーのネクタイにされていました。ふだん、明るいネクタイしかしない人には、こちらがサハリンの闇市で黒系のネクタイをたくさん買ってきて、それを渡して締めてもらった。こうした対応が、ロシア側にとっては「日本はクルスクの問題をよく理解してくれている」という受けとめ方になるのです。鈴木先生に対するロシア側の信頼感がどうしてあるのかというと、こうした細かな気遣いをされてきたことの積み重ねにあるのだと思います。

対外情報庁の裏ルートからの極秘調査

佐藤　また、我々は早くからプーチン氏に目をつけていました。大統領になるもっと以前、いずれ政府中枢にあがってくる人物だと考え、プーチン氏の動向をウォッチしていたのです。プーチン氏は対外情報庁（ＳＶＲ）の前身であるソ連国家保安委員会（KGB）の出身です。エリツィン政権の情報をとるために、我々は対外情報庁を非常に重視していました。対外情報庁のルートからも、鈴木先生がどういう人物であるのかは届いていたはずです。そして、これは今後の日露関係においても常にカギになるのだけれど、外務省の表ルートだけではプーチン大統領を動かすことはできない。外務省からの表の話と共に、対外情報庁の裏ルートで実際はどうなのかということを擦り合わせて、初めてプーチン大統領は動くのです。当時から諜報チャンネルを構築できていたことは、非常に有利に働きましたね。

鈴木　表と一緒に裏でも関係ができていないと、ロシアのような国を相手にすることはできません。

佐藤　当時の裏のルートはある程度、今も生きています。岸田総理がゼレンスキー大統領に会いに行っても、日露関係は根本の部分ではまったく崩れていない。そうしたルートが政府の中に残っているからなのです。

鈴木　外務省ではなく、官邸ですね。

佐藤　官邸が直轄してやっている。安倍政権で裏のルートはさらに強くなりました。当時の国家安全保障局長だった北村滋氏が特に頑張ってくれたためです。このあたりは『安倍晋三回顧録』（中央公論新社）に詳しく書かれています。抄録すると、このような内容です。

外務省は北方領土問題に関して、従来の4島返還にこだわっていた。そのため、ロシア外務省も日本との交渉に慎重になっており、本来の外交交渉のラインは機能していなかった。そこで安倍総理は、プーチン大統領に近い人物として、対外情報庁長官のナルイシキン氏を探り当てた。プーチン大統領もナルイシキン氏を信用していたうえに、来日経験もあり、日本についての知識を持つ人物だった。そこで、内閣情報官でこの分野の専門家でもあった北村局長が、ナルイシキン氏に接触することになり、プーチン大統領に対して「１９５６年の日ソ共同宣言から始めるのはどうか」と伝えてもらった――まさに官邸主導で裏ルートを構築していたのです。

鈴木　そういう表立って見えないところで重要な出来事は動いている。我々はわかっているのだけれど、世の中の人にはなかなか伝わりづらいものです。そうした諜報ルートからのアプローチが奏功したことと、やはり外交は人間対人間ですから、私は最初に会ったときに涙を落とされたプーチン大統領の人情家な性分を見られたことは大きい。アレクシー2世の件で対応したことについても、きっちりとお礼を言えるかたでした。

佐藤　鈴木先生がプーチン大統領にスキーウェアをプレゼントしたときにも、「鈴木さん、スキーウェアをどうも有難う」と丁寧にお礼をされていましたね。

鈴木　これは、佐藤さんの知恵をお借りしました。プーチン大統領はスキーをやる人だと聞いて、日本のメーカー「ミズノ」のウェアが人気があるというので、取り寄せました。奥様の分とペアで贈った。「サイズもぴったり合っていました」と言われましたけど、佐藤さんが、プーチン大統領夫妻のサイズの情報まで持っているとは驚きました。

ロシア要人はなぜ現金を受け取らないのか

佐藤　外交関係における贈り物には、ちょっとした気遣いが必要です。あまり露骨に金目のものとかではなく。要人への贈り物は、相当調査したうえで渡しています。かつて第一副首相を務めたフリスチェンコ氏に渡した逸品も、記憶に残っています。

向こうもたまげて喜んでくれたのですが、口に鮭をくわえた北海道のアイヌの木彫りのクマ。鈴木先生、あれは何百キロくらいあったでしょうね？

鈴木　１２０キロはゆうにあったと思いますね。

佐藤　これは喜ばれました。宮殿のようなところに住んでいるので、そこにドカッと置くと合うのでしょう。

鈴木　実寸のクマのサイズとまではいかなかったけれど、台座もついていましたからね。あと、これも佐藤さんの知恵を借りたのだけれど、エリツィン大統領と橋本総理が会談したとき、エリツィン大統領はウォッカを愛飲しているうえに、かなり酒が強い。一緒に同じものを飲んでいたら、間違いなく橋本総理は倒れてしまいます。そこで佐藤さんは橋本総理用に別の酒を用意してくれた。「あなたがウォッカなら私は日本酒で――」と、橋本総理はエリツィン大統領に岡山の大吟醸で満たしたグラスを掲げたんですよね。

佐藤　そうでしたね。あと、印象深いのは、ロシアがまだ苦しかった１９９０年代、訪露される政治家のかたがたには、お土産としてモンブランの高級ボールペンか、エルメスのネクタイをお願いしていました。ロシア経済が落ち着いている今では、そうした高級品は不要ですが、当時のロシアの公務員の給料は5〜10ドル程度とかなり低かった。モンブランのボールペンを換金業者に持ち込めば、売価の半分程度の200ドルくらいで買い取ってもらえる。ざっくり言って、年収を超えるわけです。

鈴木　だからといって、現金を渡すわけにはいきませんでしたね。

佐藤　ロシア人は現金を絶対に受け取りません。下品だということなのでしょう。「人を馬鹿にするな！」と一蹴してしまう。でも高級筆記具や高級ブランド品であれば、遠慮なく受け取る。それらには換金性があるからです。物であるなら、2つでも3つでも嫌がらずに受け取る。ただ、高級品ならなんでもいいというわけではなく、「モスクワで換金性の高い品」でなければ効果はない。

鈴木　そうですね。私は高級ブランドなど詳しくないので、パーカーのペンでもいいのでは？　と聞いたところ、佐藤さんに否定されました(笑)。

佐藤　パーカーでは換金性がないんです。やはりモンブランが喜ばれました。ロシア経済の混乱期でしたから、ロシア人がどうやって生活をしていたのか、情報はかなり集めていました。そういうところを理解したうえで贈り物をすることが、ロシア人に食い込んでいくには重要なことなのです。贈り物に関して失敗したのが、自民党で外相や副首相を務めたミッチーこと渡辺美智雄氏でした。ロシアで食料が不足しているということを知って、渡辺氏はロシアの要人たちに対してソーセージをプレゼントしたのです。そうしたら、当時の議会国家院の副議長アブドゥラチポフ氏が突っ返してきました。食料が困っているとしても、我が国は乞食ではないということなのでしょう。それからアブドゥラチポフ氏は、日本の外交官や政治家とあまり会わなくなりました。

鈴木　外交上の贈り物というものは、非常に難しいものです。そういう気の利いた対応ができる外務省のロシア・スクールはなかなかいません。佐藤さんのような知恵が回っていない。

外務省の在ウクライナ大使との再会と奇縁

佐藤　そういえば、外務省の在ウクライナ大使は、あの松田邦紀氏が務めておられますね。

鈴木　ああ、我々がバッシングされたときに、かなり暗躍されたかたですね（笑）。当時の彼の仕事ぶりは規格外でしたね。

佐藤　彼の人格攻撃をするつもりはありませんが、これまでも「知っている事実」だけは縷々《るる》お話しさせていただきましたし、本にも書かせていただいています。鈴木先生とご一緒させていただいた『闇権力の執行人』（講談社＋α文庫）、そして私の初の小説でもある『外務省ハレンチ物語』（徳間文庫）を、松田大使の往時の武勇伝をお知りになりたいかたにはお勧めしておきます。鈴木先生が先日、週刊誌でのインタビューで松田氏について話されていた、赤坂の料亭「0」での赤ちゃんプレイ、さらにはそこでの約100万円の支払いの付け回しを鈴木先生にしていたことなど、この業界では大変有名な人物です。

鈴木　だから、ウクライナをめぐっては、本書の読者の皆さん、ぜひとも松田大使の活動をしっかりとウォッチしていただきたい。

佐藤　おそらく、今なら戦時手当がついていますし、大使ですから給料もいいと思いますよ。

鈴木　大使手当として、給料と同額くらい出ますからね。

佐藤　同じ職制なら、日本にいるよりも3倍以上になっているはずです。

鈴木　日本では局長クラスで年収1800万円くらいでしょうか。

佐藤　それくらいはあるでしょうね。

鈴木　つまり、それより上ということですからね、特命全権大使は。

佐藤　トータルで5000万円くらいの年収があってもおかしくはないですね。それに機密費とかを潤沢に使えるでしょうから、それで飯を食って、給与は蓄財に回している人もいると思います。そういう人は目標がはっきりしています。少しでもその立場に長くついていたいということでしょう。

鈴木　機密費に上限はないですからね。

佐藤　いくらでも経費として外務省に請求できます。

鈴木　しかも、それがそのまま通るわけですから。

佐藤　戦時下ですから、合計2億円くらいの実入りとなってもおかしくはないでしょう。官房機密費も外交機密費も重点的につくはずです。

鈴木　松田氏は、1999年にキルギスで起きた日本人技師の人質事件でも指揮を執っていました。

佐藤　そうでしたね。ある意味わかりやすいのは、彼の場合、ロシアとウクライナ両国の価値観とか、国際社会における日本の地位向上などを考えるタイプではない。自分の栄達や利益のためであれば何でもやる人間だから、非常にわかりやすいのです。

鈴木　テレビで見かけることもたびたびあります。岸田総理のキーウ訪問でも、総理と共に堂々とカメラの前に立っていました。

佐藤　国家安全保障局長を務める秋葉剛男氏とかが、奥のほうで隠れるようにしているように、役人がテレビに映るところに出てくるのは珍しいんですよ。キルギスの人質解放のときも、画面の半分くらい松田氏の顔があった映像もありました。

鈴木　ある意味、適材適所なのかもしれません。

第7章

私たちの「安倍晋三総理と日露」回顧録

アメリカと同じ立ち位置ではいけない

佐藤　安倍晋三総理とのことをお話ししたいと思います。安倍総理はどうしてロシアと渡り合えたのか。総理とはたびたび官邸でお会いになっていた鈴木先生に、ぜひお聞きしておきたいと思います。安倍総理が生きていたら、今のような日露関係にはなっていなかったでしょうね。

鈴木　間違いなく局面は変わっていたと断言します。安倍総理はたびたび「未来志向」という言葉で、日露関係の目指すところを語っておられました。この未来志向が意味するものは、「先を読む」ということです。

安倍総理から聞いたことですが、２０１４年のクリミア紛争のとき、当時のオバマ大統領から「アメリカと同調してほしい」と、経済制裁、人的制裁について安倍総理に電話がありました。そのとき、安倍総理は毅然と「日本にはロシアとの間で平和条約交渉があるし、北方領土問題もある。アメリカと同じ立ち位置ではいけない」とビシッと言った。１年後に伊勢志摩サミットを控えていた時期でしたので、外務省の幹部らは、この安倍さんの一言によってオバマ大統領の来日はないと思ったそうです。前に触れた話ですが、オバマ大統領は安倍総理のその言葉を聞くなり、電話を切ってしまったそうです。安倍総理自身も、日本国総理大臣として国益を考えての発言であり、だから「オバマ大統領が仮にサミットに来なかったとしても、あなたがたには責任はない」と外務省の担当者たちには話されたそうです。

でも、オバマ氏は伊勢志摩サミットに来た。そのうえ、現職のアメリカ大統領として初めて広島を訪れ、原爆死没者慰霊碑に献花もしたわけです。これがやはりトップリーダーの丹力ですよ。これは安倍総理の強い姿勢が勝ったんです。一国のリーダーとして筋を通す、そして国益の観点からものを言うことが大事なんだと、安倍総理がしみじみと語っておられたことを私は印象深く思い返します。

佐藤　安倍総理は、相手の「人物」を実によく見ておられました。プーチン大統領についての見方も、極めて的確でした。早い段階から、プーチン大統領が力の論理で動く政治家であるという核心を捉えていた。北方領土交渉の文脈で考えれば、アメリカの意向にどこまで日本が抵抗しながら、ロシアとの関係改善に踏み込めるかがカギになる。そのようなプーチン大統領の論理を、安倍総理は正確に理解していたと言えるでしょう。

鈴木　安倍総理がご存命であれば、きっと「扇動に乗ってはいけない」「ここは自制をするべきだ」と、的確な指摘をプーチン大統領に対して言っておられたと思います。プーチン大統領にもきっと停戦に向けた呼びかけを行っていたでしょうし、ウクライナはもちろん、アメリカに対しても積極的に声をかけて、自ら仲介の立場をかって出て、国際社会に対して停戦に向けた動きを求めていたと思います。いわゆる等距離外交、バランス外交が、今回のような戦争状態の中でもきちんとできたのではないでしょうか。

佐藤　まったく同意見です。まずは連絡を入れていたでしょうね。直接電話でつながることのできる関係も持っておられましたから。

鈴木　惜しむらくは、岸田総理もバイデン大統領に電話をするならば、これまでの関係性からしても、プーチン大統領にも電話をすればよかったのです。ゼレンスキー大統領には3回も電話連絡をしておいて、プーチン大統領には1回もないというのは、これはどう考えてもバランスを欠いている。日本が置かれている状況からしたら、全く知恵がない対応だったと思います。

佐藤　アメリカに同調してロシア批判をするくらいなら、文句をプーチン大統領に直接言えばいいのです。

鈴木　安倍総理の未来志向という言葉には、非常に深い意味があったと改めて思わされますね。

安倍政権と岸田政権の根本的な差

佐藤　もし安倍総理が現時点で政権を運営されていたとしたら、どこが決定的に違っていたのかというと、ロシアとの平和条約交渉の中断にはならなかったでしょう。実質的な効果ゼロで、悪質な嫌がらせとして受けとめられたプーチン大統領への個人制裁もかけなかったと思います。むしろ、こういう状況だからなおさら、行き来を続けられる関係を保持しつつ、その過程での話し合いによって解決を試みていたはずです。

岸田総理について、価値の体系におけるインフレが起きているということはすでに指摘したとおり、利益の体系と力の体系ではほとんどなにもやっていないに等しい。その点については、安倍総理でも同じだったと思いますが、価値の体系で安倍総理はインフレを起こさず、ロシアを非難するにしても非常に抑制的なものになっていたと思います。G7の場でも一番端のほうに座って、ロシア非難の共同声明が出るのであれば、そこには日本としては反対しないというくらいのレベルにとどめたでしょう。つまり、お付き合いでしか制裁には加わらない。だから、日本に入れないという人、いわゆるペルソナ・ノン・グラータを指定する際にも、例えば、ドネツク人民共和国の政府高官あたりに限定するとか、そういうふうに絶妙な対応をされたと思います。

鈴木　安倍総理なら「時間差」をつけていたでしょうね。今回、経済制裁と人的制裁をよーいドンで一緒に始めました。安倍総理なら2か月くらいずらすとか、3か月遅れにするとか段階を置いて、しかも全く害のない形になるように知恵を出したと思います。形はあくまでも制裁であり、その枠組みとしては一緒なのですから。アメリカに対しても日本の立場をきちっと説明して、だからここはわかってくださいと言えていたでしょう。

今の岸田政権では、そうした説明もできないまま、バイデン大統領に言われたら

「イエッサー、プレジデント」で対応しています。だからロシア外務省も、2022年3月21日に現在の状況では日本との間での平和条約交渉はしない、ビザなし交流もしない、北方4島における共同経済活動には日本の企業は参加させないと言ってきました。こうならないための方策はいくらでもあったはずです。これまで日露関係に汗をかいてきた者として、残念でなりませんでした。日本の対露外交策には知恵がなかったと思います。

佐藤　2023年4月21日にロシアは、北方領土の元島民のかたがたでつくられている返還運動の団体である千島連盟（公益社団法人千島歯舞諸島居住者連盟）を「好ましからざる団体」に指定しました。もし北方領土内への墓参を実施することになったときには、ちょっと面倒なことになりそうですね。

鈴木　なりますね。こうなってしまったら、へたにあがいたりせずに、もはや黙っているしかないのです。ロシア側は「今の時点では交渉はしない」としているわけですから、「今の時点では」を取れば、交渉はできるということなのです。

佐藤　あくまでも「凍結」ですからね。しかし先生、ロシアも日本の事情を知っているのであれば、好ましからざる団体として指定するのは千島連盟よりも、むしろ北対協（北方領土問題対策協会）のほうになるのではと思いませんか？　啓発活動をしているのは北対協のほうですし、領土返還運動の司令塔です。千島連盟は、元島民による組織ですからね。なぜこうした措置をロシアは取ったのか。その判断が不思議です。

鈴木　政府も北対協に対しては、予算付けをしているわけですからね。

佐藤　その予算付けがどこに流れているのか。講演三昧なロシア識者某のもとに、かつては一回何十万円もの講演料が支払われていたとも存じ上げておりますけれど。

鈴木　今でもやっているのでしょうね。

佐藤　額はだいぶ下がったようです。7万円くらいとか。それが5万になって、3万円とかまで。

露中北そして韓が連携することの危惧

佐藤　鈴木先生は安倍元総理と最後に会われたのはいつごろでしたか？

鈴木　2022年6月8日が、最後に会った日になりました。ちょうどあの事件の1か月前のことです。ウクライナ問題に関して非常に心配されていて、岸田総理がアメリカにぐっと引きずられていることが日本にとっていい流れではない、と懸念されていました。

佐藤　安倍元総理が凶弾に倒れられた際、ロシアからはプーチン大統領の名義で深い哀悼の意を表した弔電が届きました。銃撃された2022年7月8日、鈴木先生には特別なことがありました。ロシア側から安倍元総理の連絡先を教えてくれという一報が入ったのですよね。

鈴木　はい。私のところに電話が来たんです。金曜日の夜で、安倍元総理の事務所の電話番号もわからなかったそうです。ガルージン駐日大使からの連絡でした。弔電は、海外の要人の中ではプーチン大統領が一番早かったですね。

佐藤　ガルージン大使からは「即、連絡を入れたい」ということでした。

鈴木　すぐに議員会館のFAX番号と、ご自宅の電話番号を確認のうえお伝えしました。

佐藤　安倍元総理も最初の頃はウクライナ戦争について厳しい発言をされていまし

たけれど、6月あたりから変わってきた印象があります。

鈴木　ロシアとウクライナの双方に言い分があると、割と早い段階から言っていました。特別軍事行動が始まって2か月後くらいでしょうか。私は安倍さんが総理を退任されて以降も、月に1〜2回はお会いしていました。安倍さんが岸田総理に対して厳しく言っていたのは、2018年11月のシンガポール合意のことでした。当時開かれた安倍総理とプーチン大統領との日露首脳会談の場で、1956年の日ソ共同宣言を基礎として平和条約交渉を加速させることで一致したのです。あのときの合意をしっかり理解しておくようにかなり厳しく言ったと、直接、安倍総理からお聞きしました。シンガポール合意のときにも、佐藤さんのアドバイスが奏功しました。プーチン大統領に直結する人への接触を促され、北村氏が首脳会談の3日前に会いに行ったのですから。

佐藤　安倍さんはやっぱりウクライナ戦争後のことを早くから考えていましたよね。どうやって元の軌道に戻すか。

鈴木　安倍元総理にはクリミアの経験がありますからね。先に述べたクリミア併合後のオバマ大統領との電話でのやり取りのことです。常に日本は日本独自の立ち位置で行くしかないということが、絶えず頭の中にはあったのです。

佐藤　安倍さんには戦略的な目がありました。ここでロシアに対してへたな制裁とか強硬路線をとると、ロシアは中国と接近する。さらに北朝鮮もつながって、日本にとって地政学的に極めてよろしくない状況になりかねないということが、実によくわかっていました。

この三国の接近について改めて指摘させていただきますと、誰もが勘違いをしているのは、ロシアが中国のジュニアパートナーだと思っていることです。これは大きな間違いで、軍事的にはロシアのほうが中国より圧倒的に強い。地対空のミサイル防衛システムにしても潜水艦にしても、当然、ロシアのほうが強力な体制を敷いています。戦闘機も戦車も同様です。中国は型落ちしたものをロシアから買っている。仮にロシアと中国が接近したことから、ロシア製のフルスペックの武器を供与することになれば、中国はもっと強くなってしまうでしょう。

また、ウクライナ戦争の前までは北朝鮮が核実験をしようとしても、ロシアがそれを止めていた。ところが、北朝鮮とロシアが近しくなるように西側連合が追いやっている現状では、ロシアが北朝鮮の核実験を抑止する力にはなってくれません。

まして、北朝鮮はドネツク人民共和国とルガンスク人民共和国を承認しましたから。ロシア、中国、北朝鮮と同時に対峙しなくてはならなくなることが、日本にとってプラスになるはずがない。韓国との間でシャトル外交がようやく再開された2023年5月、日本の総理大臣として5年ぶりに岸田総理が訪韓しましたけれど、韓国の尹錫悦《ユン・ソンニョル》政権にはどれだけの権力基盤があるのか。ギリギリになったときに韓国のナショナリズムは、北朝鮮と日本、どちらを取るのか。そのことをもっと冷静に見ないといけないのです。

その意味において、韓国はかつての反共同盟の国家ではない。そういうことを考えた場合、なぜ岸田政権は自国を東アジアで孤立させるような政策に持っていってしまうのか、不思議でなりません。安倍元総理には、そうした危うさを察知することはできていたはずです。

あえて語らなかったプーチン大統領との信頼関係

鈴木　２０１７年９月、ウラジオストクで行われた東方経済フォーラムで、プーチン大統領が「具体的な提案や平和条約に対して話していない」として、討論会の場で「なんの前提条件もなしに、年内にでも平和条約を結ぼう」と振ってきました。あのとき、安倍総理はにこりと笑って、それに関しては具体的には答えなかった。あれは、答えなかった安倍総理が正しいんです。その場には中国の習近平国家主席もいました。かつて中国とロシアは１９６９年、中ソ国境紛争で衝突し、その後、１９９１年から２００４年という長い歳月をかけて、ようやく国境線を画定させた経緯があります。

しかも、その際にはロシアが大幅な譲歩をしている。こうした歴史の経緯がある国の首脳がいる場で、日本の立場を主張しても事は始まりません。微笑みながらプーチン大統領の話を聞いていた安倍総理には、肚があったわけですよ。

佐藤　その通りです。あの場で軽々に「わかった」などというのは、逆に足元を見られてしまうのです。その後、安倍総理はプーチン大統領とサシで話の場を持っていますからね。

鈴木　メディアは、この場で安倍総理が何も答えなかったと否定的な言い方をするのですけれど、総理はしっかりしていました。東方経済フォーラムに合わせて、柔道大会「嘉納治五郎記念ウラジオストク日露ジュニア交流大会」が開催されていたのですが、会談から約2時間後、安倍総理は会場となる柔道場に行って、プーチン大統領とサシで会いました。そこで「わかっていますよね」と釘を刺して言ったそうです。「日本には北方領土問題がある。これが肝であり、これを解決しなければ平和条約は結べない」。このことは日ソ共同宣言にすでに明記されていることで、それが基本なんだと。プーチン大統領もそれに対して「よく知っています」と答えている。これはまさに二人の信頼関係あってのやり取りです。

それで安倍総理は最後の肚を決めて、シンガポール会談に向けて相当な大車輪で動き始めた。そうした重要なポイントというか、相手の顔を立てながら関係をつくっていくのが実に上手です。だからその辺りの思考、つまり基礎体力が違う。

佐藤　ではなぜ、安倍総理が構築した関係性が、岸田政権ではおかしくなってしまったと思いますか？

鈴木　ひとえにアメリカにのめり込みすぎているからです。

佐藤　ここまでのめり込んでいる政権は、確かに珍しいです。

鈴木　そうですね。よく小泉純一郎総理の時代をアメリカ追従の最たるものという言い方をする人はいますが、ちょっと違います。小泉氏はあまり理解をされていなかった。相手は強権のブッシュ大統領ですから、ガンガン言ってくる。そもそも小泉氏は、ロシアとか北方領土とかが頭になかったように思えます。

佐藤　小泉総理のとき、アメリカから文句をつけられたのは、総理自らが靖国神社への参拝をしたことです。アメリカもかなり立腹していました。だから岸田総理は、靖国神社には絶対に行こうとしない。これは中国ではなく、アメリカの対応を見ているわけです。日米同盟が基本であるということは、日本の歴代総理は誰もが理解していることです。ただ、その中でもどこまで日本にとっての実益を獲得するかという観点で、安倍総理はその方向性が非常に強かった人です。橋本さんも小渕さんもそうでしたよね。

鈴木　そうですね。森さんもそうです。森さんは総理就任後、最初の訪問国にロシアを選んだわけですから。

官邸で見せた安倍総理の大きなため息

鈴木　ちょっと時間を戻しますが、安倍総理と頻繁に会うようになったのは、忘れもしない２０１５年12月28日、官邸に呼ばれました。その約１週間前に内閣制度創始１３０周年記念式典があって、歴代の総理と官房長官、そして副長官が招待されました。このとき、安倍総理から「鈴木先生、たまには官邸に来てください。いろいろと話したいことがありますから」と言われたのです。当時の私は浪人の身でしたから、総理がご指定いただけましたらいつでもうかがいますと伝えたところ、総理秘書官の今井尚哉氏から「28日の午後３時に官邸に来ていただきたい」との連絡がありました。

その日の朝になって、今井秘書官から予定を30分後ろにずらさせていただきたいとの連絡がありました。ちょうど、外相を務めていた岸田氏が韓国に行って慰安婦問題のケリをつけた日です。朴槿恵《パク・クネ》大統領の時代ですね。その記者会見のために30分ずれるということでした。３時半に私が官邸に入ると、安倍総理はフーッと大きなため息を一つつかれました。私は総理に、日韓問題の一つである慰安婦問題にケりがついてよかったですねとお話ししました。すると、安倍総理は自分に言い聞かせるように、「この約束は当然、日本が守らなければなりませんし、合わせて韓国側にも守ってもらわなければいけないことです」と、しみじみ言っておられました。

その後、朴大統領が辞任し、文在寅《ムン・ジェイン》大統領が後継となりましたが、反日を掲げて支持を得た人でしたから、その後の任期の5年間の日韓関係はまったく動かなかった。安倍総理のため息というのは、おそらくそうした事情を先読みしてのことだったのだろうと思います。

そのあとに安倍総理が言われたのは、「来年から本格的にロシア外交をやりたい」ということでした。北方領土問題に取り組みたい、ついては私に協力をいただきたいとおっしゃったのです。それから30分くらい日露関係への思いを話されました。

安倍総理は2001年、森政権のときのイルクーツク声明を出発点として掲げられました。当時、官房副長官として、イルクーツク声明発出に立ち会っておられたのです。「日露関係を解決していくには未来志向、そして現実的な視点でお互いが歩み寄っていくしかない」とも言われました。私もそれしか方法はないと伝えました。

2012年12月の総選挙で自民党は圧勝し、再び与党となり、安倍さんも総理に返り咲きました。その翌年2月、ロシアのイシャエフ極東管区大統領全権代表が来日した。ちょうど国会では予算審議をやっていたときです。イシャエフ氏は当然、総理にも会うことのできる重要な立場のかたですけれど、政府側は官房副長官が対応することになっていました。。

イシャエフ氏側から私に日本側の対応に関して、イシャエフ極東管区大統領全権代表は不満に思っていると言ってきました。私はすぐに官房長官だった菅義偉氏に連絡を入れて、イシャエフ氏は総理が会うべき人なのだと話しました。さらに、森元総理にも電話をして、今、イシャエフ氏が日本に来ている、彼はプーチン大統領の傍で仕事をしている実力者だから、国益の観点からも会ったほうがいい人物だと安倍総理に言ってほしいとお願いしました。

佐藤　そうした鈴木先生の対応のおかげで、安倍総理はイシャエフ氏に会ってくれましたね。

鈴木　そのとき、安倍総理はイシャエフ氏との会談の際に、私にも立ち会ってほしいと言われました。森元総理にも同席を依頼されていました。予算委員会が終わった後の国会内の自民党総裁室で会談したのです。同年秋には、サンクトペテルブルクでＡＰＥＣ（アジア太平洋経済協力）が開かれる。安倍総理に対してイシャエフ氏は「こちらはＡＰＥＣの最初の招待状です」と言って渡されました。ロシア側も日本との関係をよく考えていたことがわかる策でした。

そのとき、安倍総理は、「プーチン大統領にぜひともお伝えいただきたい。平和条約交渉と領土問題の解決は、イルクーツク声明をスタート台にしたいと思っていますと」と言ったのです。そして「イルクーツク声明は、こちらにおられる森さんが総理大臣の時代になしえたことであり、私はそのとき、政権の官房副長官を務めていました。合わせて、同じくここにおられる鈴木先生が、さまざまな提案のために動いてくださりました。だから今日、この場にはこのお二人をお呼びしたのです」と続けました。イシャエフ氏は「間違いなくプーチン大統領に伝えます」と言いました。

そして、２０１３年4月、安倍総理の訪露から安倍・プーチン会談がスタートするのです。最初の会談のときから安倍総理は、イルクーツク声明のことを切り出したけれども、プーチン大統領は特別な反応を示しませんでした。

佐藤　それは森・プーチン会談があった翌年の2002年、当時の川口順子《よりこ》外相がイルクーツク声明を取り下げてしまったからです。イルクーツク声明を基本として交渉をしていれば、平和条約の締結にまでいったし、少なくとも2島は返ってきたでしょうね。小泉政権に変わり、田中眞紀子氏が外相になった。田中氏と鈴木先生の論争が問題になり、外務省の一部の者がそれに乗って、先生を日露外交の場から外す動きが顕著になっていったのは、多くのかたがご承知の通りです。

鈴木　この政変による権力の移動によって、外務官僚たちの常軌を逸した行動と自己保身には、本当に驚かされましたね。

佐藤　これらは拙著『国家の罠　外務省のラスプーチンと呼ばれて』（新潮文庫）と、鈴木先生との共著『北方領土「特命交渉」』（講談社）に詳細をまとめさせていただきました。

プーチン大統領はなぜ「引き分け」と言ったのか

鈴木　佐藤さんもご存じと思いますが、イルクーツク声明のときのプーチン大統領は森総理の「並行協議」提案を「持ち帰らせていただく」と丁寧に対応してくれました。でも、その約1か月後に、小泉氏が総理大臣になった。小泉氏はかなり深くアメリカに軸足を置く外交方針に舵を切りました。そして、私との関係で田中外相が更迭され、２００２年に川口氏が環境相から横滑りで後任となった。川口氏は２００４年6月、モスクワに行ってラブロフ外相と会いました。ラブロフ氏は3月に外相就任直後で、外相としての期間で考えれば、川口氏のほうが10か月くらい早い就任だった。それを笠に着て、川口氏はラブロフ外相との会談で、これまでの日露交渉の経緯を2時間くらいいきなり喋りだしたのです。

それを受けてラブロフ外相が言った言葉が印象的でした。「外相になったのはあなた（川口氏）のほうが先だ。私はまだ外相になって間もない。ただ、外交官としては私のほうがキャリアがあります。私はその経緯を十分に知っている」と。当時、私が外務省から聞いていたのは、このとき、プーチン大統領にも会える段取りをしていたが、このやり取りが遠因となって、ロシア側から断りの連絡があったとのことでした。

佐藤 川口氏をプーチン大統領に会わせても意味がないということだったのでしょう。その前の年に開かれた前任のイワノフ外相との会談もめちゃくちゃだったのです。同じように川口氏が長々と話して、イワノフ外相に「そういう話は全て知っている」と言われました。

鈴木 結局、川口氏はプーチン大統領には会っていませんよね。

佐藤 事前には会えるという話だったのですが、向こうのほうから蹴っ飛ばされたのです。

鈴木 日本の外相でプーチン大統領に会った人はとても珍しいです。岸田氏も外相時代には会えていなかったのではないでしょうか。自民党幹事長の茂木敏充氏も外相時代には会っていない。日本の外相が外訪しても、アメリカやロシアの大統領に会えるということはまずないんですね。みんなカウンターパート同士で会うのが精いっぱいです。大国のリーダーというのはそういうものです。

だから、川口氏が外相の立場でプーチン大統領と会えるお膳立てがあったことは、日露関係を動かそうという両国の流れが強くあったことの証拠です。しかし、外相自らがそれをつぶしてしまった。安倍総理はそうした背景をご存じでしたから、イシャエフ氏が会談を求めてきたときにも丁寧に対応してくれ、イルクーツク声明を原点にしたいと言ってくれたんです。

佐藤　それがやがて、2012年3月のプーチン大統領の「引き分け」発言につながっていく。北方領土問題について、日露双方が妥協点を模索し、最終決着をつける決意を、あろうことか日本語で語ったのですから、衝撃は大きかったのです。この場には、朝日新聞主筆の若宮啓文氏もおられましたね。

鈴木　そうですね。若宮氏のほか、ウォールストリートジャーナル、ルモンドなど、世界の主要メディアの代表者を集めての会見の場でした。プーチン大統領は「外交には勝者も敗者もない。引き分けが一番よい外交だ」と話されました。これを聞いた若宮氏のお父さんは若宮小太郎氏といって、1956年10月、日ソ共同宣言を署名された鳩山一郎総理の秘書官でした。ロシア側はそうした縁を含めて若宮氏を指名したのだと思います。

プーチン大統領が「引き分け」について話したところで、若宮氏は「いや、そうはいかない。引き分けでは北方領土は2島対2島になってしまう」と言い、「これでは日本の国民は納得しない。到底それは受けられない」と続けたところ、プーチン大統領は「ちょっと待ってください」と言った。プーチン大統領はこの4日後に、再選を懸けた大統領選挙を控えていました。

佐藤　投票日直前に、平和条約も締結していない国を利するように思われる方向で領土問題を語ることは、非常にマイナスな印象を国民に持たせてしまいます。

鈴木　しかし、プーチン大統領には明確な考えがあった。「私はまだ大統領に再選されていない、あなたも外交官ではない。じゃあ、こうしましょう。私が大統領になったら、日本は日本外務省を、ロシアはロシア外務省を、お互い位置につかせ、『始め』の号令のもと、話し合いをさせましょう」と言われたのです。その翌年の2月、今度は森元総理が訪露して、プーチン大統領に「ウラジーミル、『引き分け』とはどういう意味でしょう？」と聞いた。

するとプーチン大統領は、白い紙に柔道場を描いて説明してくれました。場外すれすれの場所で、日本とロシアは組み合っている。組んでもすぐに場外になってしまい、注意される状況にある。ならば、真ん中に持ってきて、日露の外務省同士をしっかり組ませて対話をさせる、そういう意味なのだと。これはつまり、2島を返す意思はある。残り2島に関しては、お互いで知恵を出し合おうと言ったのです。森さんはプーチン大統領の話からそういった意図を受け取ったのです。

佐藤　森さんから安倍さんに、その話は伝達されていますからね。安倍さんが総理に返り咲いてから、森さんが提案したことに基づく話し合いがスタートするわけです。

「安倍政権は1年でつぶれる」外務省OBの怪文書

鈴木　そこからは、いわゆる車の両輪のように、2島は引き渡しに入る、残る2島は日露のどちらに帰属するのかをお互いの妥協点を見ながら交渉していくことになるわけです。イルクーツク声明は安倍総理の頭の中にも入っていますから、それをスタート台としていくことをプーチン大統領に提案したものの、それが川口氏とラブロフ外相の会談によって日本側が取り下げてしまって、ロシア側もその後の反応がなくなってしまったのです。

そこで安倍総理も改めて考え始めて、私に声をかけてくださった。それ以来、ほぼ毎月1回のペースで会うようになりました。安倍総理は佐藤さんのことをとても気にしていました。日露交渉のためには佐藤さんの知恵が必要だと。私が安倍総理に呼ばれるようになってから3年目に、いよいよロシア外交も勝負に出るときだということで、安倍総理は決断しました。

佐藤 それが2018年11月14日のシンガポール合意ですね。

鈴木 安倍総理からは、4島返還の原理原則を主張する人たちの話も聞きましたし、段階的な解決論の話も聞いた。あるいは2島だけの返還を志向する人の考えも聞いた。様々な考えを聞いたうえで、佐藤さんのアドバイスが安倍総理の考えと合致して、形となったのがシンガポール合意なのです。その直前となる11月6日に私は安倍総理にお会いして、その場で言ったのです。1956年の日ソ共同宣言に立ち返るしかないと。それで、佐藤さんが安倍総理と会われたのが11月初旬でしたね。

佐藤 そのころだったと思います。

鈴木 このときも、今井秘書官から連絡がありました。そこで私が安倍総理に、外

第７章

私たちの「安倍晋三総理と日露」回顧録

安倍総理には戦略的な目があった。ロシアへの強硬路線は、やがて露中北の連携を生み、日本にとって地政学的な危機が生じるのだと。(2018年11月14日、シンガポールにて)

務省の秋葉剛男事務次官を連れて行ったほうがいいと進言しました。秋葉氏の外交官としての能力を高く評価していたからです。2016年12月15日に地元・山口県の長門市で開催された日露首脳会談の場で、安倍総理は元島民の手紙をプーチン大統領に渡しました。元島民のかたは、かつてはロシアの人たちと共に島で暮らしていた。その心を伝えたかったわけです。このとき、外務審議官として秋葉氏はかなり動いてくれました。

佐藤　あのときは、当時、外務次官だった杉山晋輔氏が途中から出てきたんですよね。杉山氏について私は自費出版した拙著『外務省犯罪黒書』（講談社エディトリアル）に書かせていただきました。常軌を逸する杉山氏との思い出話は同書に譲りますが、私の公判で検察側証人にも立った人物です。

鈴木　そうですね。「平成のサンカク官僚」（サンカク＝義理を欠き、人情を欠き、恥をかく）として佐藤さんが明かされた人物です。このときもしゃしゃり出てきたわけですが、シンガポール合意後、安倍総理の目指す日露関係を進めるのは、秋葉外務次官の仕事でした。外務次官が政府専用機に総理と一緒に同乗して首脳会談に向かったのは初めてのことです。こういうことからも安倍総理の決意の大きさが伝わってきます。ロシアのウシャコフ大統領補佐官に「私の代理人の秋葉外務次官だ」と安倍総理は紹介しました。そこまでは安倍総理の計算通りでした。シンガポール合意を基点に進めていくしかないと我々は思っていたし、当時の世論調査でも「現実的だ」という声が圧倒的多数で、肯定的でした。

ただ、その後の日本の対応が変わってしまいました。外務大臣が岸田氏から河野太郎氏に代わり、河野外相に対して外務省が「シンガポール合意は大臣の祖父・河野一郎大臣がかかわったものです」などと説明したものだから、「おじいさんがやったのなら俺がやるしかない」と意気込んでしまったのでしょう。河野家3代が北方領土問題にかかわってきたと喧伝を始めたのです。気持ちはわからないではないが、そこで秋葉外務次官から当時の森健良外務審議官が担当することになってしまった。「外務次官は外交全体を見なければならないため、ロシアに特化することはできない」ということが河野大臣からの担当変更の理由だったと安倍総理は言われました。私としては、秋葉さんが最後まで担当していれば流れは変わっていたと思います。

佐藤　秋葉氏のことは私もよく知っています。非常に肚のある外交官です。

鈴木　秋葉さんが前面に出ていれば、外務省の中での議論も違ったものになっていたと思うのですけれど、外務省ＯＢの人たちからの意見も噴出しました。そうしたＯＢ連中とつながっている人の中に対露外交に携わる外交官もいて、あれこれと横槍を入れてきた。

佐藤　１９４５年に連合国側が秘密裏に開いたヤルタ協定で、アメリカ、ソ連、イギリスが、日本の千島列島は北方領土4島と共にソ連の領土であると勝手に線を引いてしまったのですが、これなどを今さら俎上《そじょう》に載せて議論をする者もいるのですから、観点がずれています。まずは2島が返ってくると担保されるのであれば、そこにこだわるべきではなかったと思います。

鈴木　ＯＢの中には、外務省ロシア・スクールで駐露大使や政府代表を務めた原田親仁氏もいました。

佐藤　外務省を退官後、大手商社などを経て、どこかの衛星放送会社の顧問か何かになっていたと記憶しています。そういえば、先生のところには、原田氏が送った怪文書はまだありますか？「安倍政権は1年でつぶれる」とか書かれていた。

鈴木　そうそう、回りましたね。シンガポール合意後です。安倍政権はもたない、ここは我慢だなどと、もっともらしいふうに書いてあった。まだ残っています。

領土問題を面積だけで語るなかれ

佐藤　シンガポール合意の後、４島返還の原理原則論者たちが強い危機感を持ちました。極めて間違った危機感です。

鈴木　私だって、４島返還で話が進められるのであれば当然、そこに乗りたいですよ。しかし外交は、日本が１００点でロシアが０点、ロシアが１００点で日本が０点という解決はないんです。一方だけに利する解決というのはなく、やはり、どこかで折り合いをつけなければならない。

佐藤　安倍総理もこのときの会談の後に、「１００対０の解決はないのだ」と言っていました。

鈴木　２島返還に反対する４島返還論者は、よく面積のことを挙げて言うんです。歯舞、色丹、国後、択捉。わずか４島の面積の合計のうち８％にしかならない歯舞、色丹のために、残りの92%を失っていいのかと。野田佳彦氏という間違って1回総理をやった人でさえ、国会でそういう質問をしました。この問題は、土地の面積だけの話ではない。日本は海洋国家です。色丹が戻ってきたときの日本の200海里、EEZ（排他的経済水域）がもたらす水産資源は、測り知れない国益になるということが、彼らの頭の中にはまったくない。

尖閣諸島はなぜ騒がれるのかというと、あの下には天然ガスや油があるからです。決して領土としての面積ではない。埋蔵資源については、日中国交回復の1年前に行われた国連調査で判明しました。その国連調査の結果、中国は我が国のものだ、台湾も我が国のものだと言いだした。日本もわが国固有の領土だと言っているけれど、影響したのは資源の有無です。北方領土には地下資源はありませんが、そこには大きな海があり、世界の4大漁場の一つでもある。それが大きな国益になるのです。そのことを議論しないで、島の面積だけで比べようとしてしまう。これでは戦略がなさすぎるというか、知恵がない。世界地図を見ていない人の発言です。

佐藤　ロシア外交に携わった人たちが、日本側の原理原則で物を言って発信する。それで4島返還の道筋ができるというのであればいいのですが、逆立ちしてもできないでしょう。

鈴木　まずは2島返還ということにシフトした安倍総理の決断は、だから大きかった。日本とロシアは世界の大国です。そこに平和条約がなくて国境線も定まっていないというのはおかしくないのかというのは、極めてまっとうな意見、正しい認識だと今でも思います。

第8章

ウクライナ戦争後の世界を生き残るには

ウクライナの人に失礼すぎる支援物資

鈴木　2023年5月19〜21日のG7広島サミットは、日本が議長国として核廃絶に向け、何かしら指針となるようなことを言ってほしかったと率直に思います。広島サミットが決まってから、岸田総理はいつも「核なき世界の実現」と言っていたのですから。ただ、つつがなく終わったことは何よりでした。ゼレンスキー大統領が参加したことで、話題を提供し注目された形になりましたが、果たして日本に来てよかったのかどうか。日本の支援に満足しているのか、私には同情する部分もあります。日本からの支援品目には、ちょっと驚かされました。

佐藤　自衛隊の使っていたトラックを100台ですよね。これ、かなり古そうですね。

鈴木　日本では使わなくなって廃車にしたものを、整備して供出するそうです。

佐藤　自衛隊法の縛りがあって、使えないものでないと外に出せないんですよね。

鈴木　さらには、非常食を3万食。これも自衛隊の駐屯地で配給されていたもので、来年3月で賞味期限が切れるものが多く含まれているようです。

佐藤　1000人の兵士が1日3回食べるとすれば、10日分です。少なすぎます。自衛隊の非常食は和食がベースになっているので、ウクライナ人の口に合うか心配です。

鈴木　そうですね。もう少し気の利いたやり方があったのではないかと思います。そういうことを考えると、これを支援だと日本政府は胸を張って言えるのか、という疑問が湧いてきます。ウクライナのかたからすれば、「馬鹿にするな！」ということにならないのかと。

佐藤　そういえば、東京拘置所では賞味期限切れ直前の缶詰やお菓子が時々配給されました。ウクライナの将兵は拘置所に収監されている容疑者などではないわけですからね。賞味期限切れとか廃棄用ではないにしても、特別に用意したものを送るのとは、ちょっと違います。トラックにしても、整備をすれば戦地の過酷な環境で走らせることができるのでしょうか。あと驚いたのは、55万ドル分の反射板とカイロ。これから夏を迎えるタイミングにカイロ？　夏を超えて次の冬の戦場で使ってくれという、長期化に備えてくださいといった間違ったメッセージになってしまうことを危惧します。

ただ、ロシアとの関係で言えば、これまで触れてきた通り、国力に見合わないうえに、「必勝しゃもじ」に次ぐわけのわからない支援物品の数々ですから、クレムリンもしびれたことでしょう。我々には想像がつかない次元であり、日本人はさすがだと。その証拠に、岸田総理のキーウ訪問、広島サミットの間も、プーチン大統領の口から日本と岸田総理に向けられた批判は一度も出ていない。G7の他の6か国には批判をしています。つまり、ロシアも日本の行動を把握し、理解しているということです。

鈴木　私は広島サミットの前に、たまたま園遊会の場で岸田総理に会いました。立ち話でしたけれど、「来週はG7で、少なくとも議長声明を出すわけですから、ここはロシアに関する部分はロシアに対して事前に言っておいたほうがいいですよ」と助言をさせていただきました。

佐藤　そうですね。仮に非難する内容であってもそのほうが賢明です。

鈴木　日本として、G7議長国として、サミットで出す声明も決まっているのですから、きちっと対応すべきだし、サミットの場で語られる日露の二国間の課題も、あらかじめ伝えておいたほうがいいと言いました。すると岸田総理は「わかりました！　承《うけたまわ》ります」と言われました。私の思いは、しっかり事前に通報しておくことによって、今後につながっていくということなのです。

佐藤　そういう場合、事前に基本ラインを通報しておいたほうがいいですね。報道には出ていませんが、首相官邸はこの辺もしっかりやったと見ています。

G20国家が世界を動かしていく

鈴木　広島サミットを総括するとしたら、どんな具合でしょう？

佐藤　日本は議長国としての目的は達成できたと思います。ウクライナ戦争が長期化する中、核戦争の危険を国際社会に訴えるという意味において、大きな成果をあげたと言えます。とくに私が注目したのは、首脳声明の前文にあるこの記載です。

「全ての者にとっての安全が損なわれない形での核兵器のない世界という究極の目標に向けて、軍縮・不拡散の取組を強化する」

「全ての者」の中には当然、ロシアも入ります。だから、ロシアの安全保障も考えなければならないということを暗に伝えている。あと、G7首脳とEUの代表たちが献花してのち、原爆資料館を視察しました。資料館内での視察中の様子を映していなかったという批判もありましたが、館内のジオラマや原爆がどれくらい悲惨な戦禍をもたらすのかを首脳に見せたことに大きな意味があります。

しかしながら、ウクライナ戦争に関しての声明や文書には、目新しいものはありませんでした。ロシアが全部引かない限り、絶対に和平交渉はしないということを強調している。これをベースにしていたら、停戦交渉はできません。それ以前に、G7には停戦する気がないのかと受けとめられてしまうでしょう。

鈴木　私としては、ウクライナ問題解決のためにはロシアへの働きかけ、協力を取り付けるべきだ、という話が出てきてほしかった。この問題に関して、日本は積極的に間に入って、停戦に向けた仲介役をするのだと、G7のリーダーたちに存在感を示すチャンスでもあったのですから。サミットにはインド、韓国、そのほか周辺国の首脳も呼んでいたので、なおさら日本の主導力をアピールしてほしかった。

第８章

ウクライナ戦争後の世界を生き残るには

２０２３年９月９日にはＧ20首脳会議があり、議長国はインドです。インドのモディ首相は、ウクライナ戦争について当初から停戦論者でした。日本は、インドともっと手を組むべきでしょう。Ｇ７が現在の世界に占める経済力は40％少々ですが、Ｇ20は85％になろうとしている。国際社会におけるウェートは、今やＧ20のほうが圧倒的に高いのです。

佐藤　とくに、人口を基点で考えたとしたら明確です。

鈴木　Ｇ20にはＧ７とロシア、アルゼンチン、オーストラリア、中国、ブラジル、インド、インドネシア、韓国、メキシコ、南アフリカ、サウジアラビア、トルコ、欧州連合・欧州中央銀行が入っています。とくにグローバルサウスのリーダーであるインドのモディ首相の存在は、極めて重要です。Ｇ７がスタートしたとき、世界の経済の８割をＧ７で占めていましたが、今は４割です。代わってＧ20が世界の経済の８割以上を担っています。

佐藤　そもそもＧ７というのは、経済による結びつきなのですから、それを超えての結束は難しいでしょう。

鈴木　経済でスタートしているのがＧ７。ならば原点に返って、現在の世界経済を動かしているのはどの国なのかを考えてみるべきです。Ｇ20の中でもインドは、総人口が２０２３年中にも中国を抜いて世界第1位（14億２８６０万人）になる見込みで、この人口増は経済の安定した成長という裏付けがあってのものです。事実、今年の経済成長率は昨年比９・１％増です。私はインドとしっかりと組んで、一にも二にも停戦であるという方向に向けて、日本がリーダーシップをとるべきだと思います。

「植民地の英語」を使わされてはならない

鈴木　これまでにも、アメリカに管理された戦争というご指摘がありました。ただ、アメリカは弱体化し、かつての覇権国家ではなくなった。日本にとって同盟国であることに変わりはないものの、追従姿勢のままで良いのでしょうか。

佐藤　そこは分けて考える必要があると思います。あえてアメリカと喧嘩する必要はありません。しかし、アメリカが言うことを何から何まで聞いて順守するというのは、逆にアメリカに対する敬意を欠くことにもなる。基本は対等な国家関係であるということです。日本には日本なりの考え方があって、それに関してはアメリカに同調することなく日本が主張すべきです。

一番大きな例としては教育。本来であれば、高等教育の段階を英語で教育する必要はない。自国語で高等教育を身につけることのほうがはるかに大切なのです。グローバル化を標榜して大学の授業を英語で行うことが一時期流行りましたが、今はだいぶ少数になりましたよね。あのようなことを進めていくと、国力が落ちて植民地化されてしまうのです。例えば、マクドナルド、スターバックスとか、日本上陸の最初のころ、スターバックスに行ったら「キャラメルマキアート1（ワン）、エクストラホット……こういうふうに言って、日本語の動詞も接続詞も全然使わないような英語を店員が使っていました。これは典型的なピジンイングリッシュ（pidgin English）、つまり植民地で使われる英語です。単語だけをつないでいくやり方であり、全部命令形で、私はこれが非常に不愉快でした。でも、今のスタバは普通の日本語で注文、提供するようになりましたけれど。

鈴木　戦後の進駐軍の時代もそうだったのでしょうか。

佐藤　当初はピジンイングリッシュを使っていたと思います。ただ、現在の日本はアメリカの植民地ではないわけで、スタバで英語の注文をするということ自体、それに沿う必要はないのです。これが浸透すると、ピジンイングリッシュを使うことがグローバルスタンダードだと勘違いする輩が出てくる。ご飯を注文するのに「rice bowl one!」とか、「beef bowl one!」と牛丼を注文したりし始める。こんな言葉を使う必要はまったくありません。

鈴木　あの注文に使う言葉がグローバルスタンダードだ、という刷り込みになっていきますね。

佐藤　だから、アメリカのスタンダード、今お話ししたグローバル化について考えても、当のアメリカ本国でもグローバル化していない人は山ほどいます。一部の人たちの考えで、世界のすべてを単一にしてしまおうというのがグローバリゼーションの主張であり、自由主義、民主主義、すべてアメリカ的な基準を押し付けている。グローバル化は決して普遍的な考え方ではありません。

アングロサクソンが強くなりすぎてしまった

鈴木　文化の違いという観点から考えれば、アメリカと日本がいかに違っているのかがわかります。

佐藤　実は日本はヨーロッパと近いのです。そして、アメリカとヨーロッパはだいぶ違う。例えば、プーチン大統領の発言を追っていくと、「ヨーロッパ」と「西側」と分けていることがわかります。西側とはグローバルエリートのことで、グローバル化を標榜する新自由主義者のことです。それに対してヨーロッパは、伝統を持ち、それを大切にしている側を指す。グローバルエリート＝アメリカとの最大の違いは何かというと、結局、お金なんです。アメリカという国は、お金を持っている者が偉い。人間をお金の軸で評価するのが基本です。ヨーロッパと日本は、お金が究極的な価値ではない。

アメリカでは風邪をひいて病院に行こうにも、治療のためのお金を持っていなければ、病院に入れてもくれない。日本の医師がそんなことをするでしょうか。仮に生活保護のきちんとした手続きをしていなかったとしても、日本の医師や病院はその患者の足元を見て診療拒否をするはずがない。これこそ日本の文化なんです。でも、その文化には悪い側面もある。例えば、生活保護でいうと、受給資格のある家庭の何割くらいが実際に受給しているのか。2割程度です。制度はあるのに受け取らない。飢えている、このままでは餓死してしまう、そんな状況なら生活保護の制度を使えばいいのに、それはなんとなく恥ずかしいと思ってしまうことなど、日本の文化の悪い部分だと思います。これがアメリカであれば、制度というのは「権利」と捉えて最大限に使うという発想になります。文化的な拘束性というものが、それぞれの国にはあるのです。

エマニュエル・トッド氏が言っていますが、イギリスで社会福祉がなぜ発展したのかというと、自由主義で個人がバラバラで、たとえ家族であっても互いに面倒を見るという発想がないからだといいます。だから国家で面倒を見なければならないので、福祉国家になっていく。核家族化が進んでいった結果ですね。なぜ日本ではそれが遅れるのか、福祉国家という形にならないのかというと、家族で面倒をみるという考えが残っているから。最初から国家が福祉に乗り出してくるということは、家族が助けないという文化や伝統があるのです。

鈴木　ロシア人は困った人がいれば、手を差し伸べてくれます。これはアングロサクソンとスラブ系の違いということでしょうか。

佐藤　そうですね。さらに言えば、アングロサクソンとゲルマンも違う。要するに、トッド氏が言っているのは、アングロサクソンが強くなりすぎてしまった。アングロサクソン文化を世界基準として強要してしまっていることが間違いの始まりなのだ、ということなのです。

鈴木　アングロサクソン、つまり、米・英・豪などということですね。

佐藤　はい。だから、本当はゲルマン民族であるドイツも、アメリカをスタンダードとする世界の在り方には困惑しています。今回のウクライナ戦争でアメリカが仕掛けているのは、ロシアの弱体化だけではなく、むしろドイツの弱体化だという分析もあります。ロシアから安くガスが買えるのをドイツにやめさせて、アメリカの高いガスを売りつけている。さらには戦費も負担させている。ドイツにとってこの戦争に絡んで良いことは何もありません。

　フランスもそこに気付いています。だから、この戦争に関して物申し始めている。フランスは中国に対しても、仲介に入って和平の働きかけをしてほしいと、言葉は慎重に選びながらもそう伝えています。先日、マクロン大統領が中国に行ったときも、自国の旅客機エアバスを売り込むということも大きな目的だった。だから、中国に関してフランスは「アメリカに追従しない」と明言しています。そうしたこともあって、フランスの重みが表れてきています。

脱アメリカを目論むヨーロッパ

鈴木　西側連合としてひとくくりにすることには、明らかな誤解がありますね。

佐藤　その通りです。だから、西側の底流にあるところのヨーロッパは、今のアングロサクソンの基準とは違うし、日本も政治的には西側だけれども、中身は違っています。

鈴木　日本には西側の視点もあり、先に述べた通り、グローバルサウスの視点も持っている。

佐藤　そうです。西側＝ヨーロッパ、西側＝日本だとする見方は改める必要があります。ヨーロッパの中にも、いわゆるアングロサクソン的な基準のグローバリゼーションを是とする、それを国益だとする人もいるし、そうではない人もいる。ドイツでは実際、非常に不思議な現象が起きています。極右政党の「ドイツのための選択肢」と、極左の旧東ドイツ社会主義統一党の系譜を継ぐ「左翼党」、この真逆な政党がウクライナへの武器供与に反対しています。でもこれは決しておかしな現象ではなくて、その背景にあるのはヨーロッパ的伝統だと思います。ドイツのこの二つの政党は本来、水と油の関係なのですが、英米の利益のためにドイツが動くべきではないというところで一致できている。ドイツはドイツにとっての利益を最優先に考えるべきだ、という考え方でつながっているのです。

鈴木　メルケル首相時代から、ロシアとは近しかったですよね。

佐藤　メルケル氏のときもそうだし、その前任である社民党のシュレーダー元首相は2023年5月9日の在独ロシア大使館での対独戦勝記念日に参加しています。さらにシュレーダー氏は、サンクトペテルブルクの養護施設から養子を迎えている。そうすると、ドイツの社会民主党の中でも、シュレーダー氏と同じ考え方をする人は一定程度いるということになります。だから、シュレーダー氏は、そうしたところを対外的に見せるという意味もあって、参加していたのだと思います。

それらを踏まえれば、ショルツ首相が代表している今のドイツが本当のドイツなのか。ウクライナ戦争に対するドイツ内部の見解は、だいぶ割れているはずです。仮に、ショルツ首相ではなくメルケル氏がそのまま政権を維持していたとしたら、こんな形でアメリカに協力はしなかったと思います。さらに言えば、メルケル氏ならばマクロン大統領と共にゼレンスキー大統領のところに行って、もっと締め上げてミンスク合意を守らせたでしょう。これは国家としての合意であり、政権が変わったからと言って破棄できるものではないのだと詰め寄ったと思います。ヨーロッパの中を細かく見てみれば、相当な濃淡がありますね。

ポーランドとウクライナの協働に気をつけろ

鈴木　佐藤さんがおっしゃった西側とヨーロッパとの違い、非常にわかりやすいですね。その違いがもっとも現れている国と言えばどこでしょう？

佐藤　ハンガリーです。ハンガリーは中部ヨーロッパにある強力な国家ですが、西側的な価値観をとっていません。アングロサクソン的な価値観とは一線を画しています。ハンガリーの主張には重みがあります。

鈴木　ウクライナ戦争に関して、ハンガリーはどう見ていますか？

佐藤　ハンガリーはＮＡＴＯの一員です。その立場としては、西側に加わってはいるけれど、ウクライナへの武器供与に関しては協力をしていません。そのため、アメリカが開催する民主主義サミットにハンガリーは呼ばれていない。

鈴木　これはポーランドとの関係があってのことですか？

佐藤　ハンガリーとポーランドは内政的には似ています。ただ、ハンガリーはもともとハプスブルク帝国のときの多文化主義があるので、一つの色で固まらずにバランスを取っていくというスタンスをもともと持っているのです。

鈴木　ポーランドは、なぜアメリカにあれほどすり寄ったのでしょうか？

佐藤　ポーランドはもともと移民が多く、これもエマニュエル・トッド氏が『第三次世界大戦はもう始まっている』（文藝春秋）の中で書かれていたことですが、自分の力を常に過大に評価して、ロシアを相手に無謀な戦争を繰り返して負け続けました。その結果、国家としては崩壊し、プロイセン王国、ロシア帝国、オーストリアに分割されてしまった過去があり、反ロシア感情がどのような形で爆発するのか、危うさをはらんでいる。トッド氏も「地政学的リスクを抱えたゾーン」と指摘しています。

鈴木 ポーランドと言えば、アウシュビッツ強制収容所でのユダヤ人虐殺もあった国です。

佐藤 ポーランドは「世界の大国」であるという意識が強すぎるのだと思います。実力以上に自国の力を見せようとする。トッド氏はさらに、ポーランドとウクライナが協働する動きを見せたら「危険あり」とみなすべきだと同書に記しています。また、ポーランドの戦前のユゼフ・ピウスツキ政権は、イタリアに次いで世界で2番目に誕生したファッショ国家です。ドイツよりも先に、ファシズム、全体主義的な伝統があるのです。今、NATOの中でポーランドの重みは非常に大きくなっています。しかし、発言力が国力に釣り合っていない。経済力がないのです。

鈴木 ポーランドの発言力が大きくなった背景は何ですか?

佐藤 それは、西ウクライナがポーランド領だったからです。歴史的には失地回復という感覚もあり、当事者としての立場で語れるわけです。

鈴木　これはポーランドにとっては渡りに船だったわけですね。

佐藤　しかも、西ウクライナはカトリック教徒が多い地域でもあります。ポーランドもカトリック教徒が多い。だから、ポーランドとバルト三国がヨーロッパの不安定要因になっています。そこが非常に強く西側的な価値観を出しています。そうした状況について、ドイツやフランスはいいかげんにしてくれという立場であり、イタリアとスペインとポルトガルは、仕方なく嫌々西側に追従しているという感じが表れています。

鈴木　ヨーロッパ国内で、アメリカと完全に一致しているのはイギリスだけということなのでしょうか。

佐藤　イギリスはアングロサクソンで、ヨーロッパとアメリカの中間くらいにある国と見たほうがいいでしょう。

鈴木　イギリスはやはりアメリカに対しては、自分が兄貴分だという感覚はあるのでしょうか。

佐藤　あると思います。ただ、イギリスも一昔前まではバランス感覚が働いていたのですが、今はダメです。イギリスの内政も、現在のスナク政権の調子がいいわけではない。しかも、スコットランドの分離独立というリスクも抱えています。全然強い国家ではない。ヨーロッパ諸国は、この戦争でかなり疲弊しています。現在のアングロサクソン的価値観で、ヨーロッパはどこまで進んでいくのか。ここを注意深く見ておかないと、日本がいい調子になっているうちに、各国の政権が変わって梯子《はしご》を外されることにもなりかねません。

創価学会名誉会長の存在感と「即時停戦」の希望

鈴木　各国がアメリカ追従に疑問符を持ち始めている。その中で、岸田政権の動きは、かなり親米の傾向がありますね。

佐藤　そう思います。今の政治は右にずれすぎています。政治とメディアが国民の感覚から外れてしまっている。政治やメディアが煽るほど、国民はロシアと事を構えようとはしていません。右というか、ご指摘の通り、親米にずれているといったほうがいいでしょう。アメリカの政策に近ければ近いほど、日本の国益になると勘違いしている人がいるのです。

鈴木　この状況は、ロシアからすれば、なぜ日本はアメリカの言いなりになっているのだろうと不思議に思っていることでしょう。

佐藤　なぜ政治的に言いなりになってしまったのかと思っているはずです。実際、経済に関しては、すでにお話ししたように、これだけ自立性を発揮しているのに、しかも兵器を送ることもしていない。日本による軍事支援は微々たるもので、普通だったら、むしろそれをオープンにして、我々はこうして独自性を持っていますと言えば、そのほうが日本の外交にとってプラスになります。それなのに、なぜ「アメリカと一緒に最後までやります」ということになってしまっているのか。

鈴木　浮くも沈むもアメリカと一緒です、と言っているも同然です。今のアメリカは、この一国を懸けるほどのものではないと思うのですけれど。

佐藤　親米への傾斜に関して、この程度でとどまっていることについては、ＳＧＩ（創価学会インタナショナル）会長で創価学会名誉会長の池田大作氏が、２０２３年４月27日に出した提言「危機を打開する〝希望への処方箋〟を」が、大きく奏功していると思います。創価学会は民衆宗教であり、国民の平均的な感覚からずれたことをあまり言いません。その感覚があるかどうかが重要なのです。池田氏の提言に書かれていたことは、普通の国民が持っているウクライナ戦争への感覚に非常に近いと思います。要するに、ロシアとウクライナの双方が、病院とか学校とか変電所とかへの攻撃をやめよう、無辜《むこ》の住民の犠牲者を早くなくそうと発信してほしい。広島サミットで停戦への道筋をつくってほしい、「希望の処方箋」をつくってほしいと、池田氏の声明には記されていました。

つまり、池田氏が掲げているのは、即時停戦なのです。さらに、このような状況下で核兵器は断じて使ってはいけない。核の使用をやめさせよう、核廃絶の方向に向けるべきだ、とも。平均的な日本国民の考えは、たぶん、こういうものだと思うのです。

鈴木　国民の皮膚感覚的な捉え方として、創価学会の主張は正しいですね。

佐藤　そう考えてみると、連立与党の中に公明党があって、池田氏の声明は創価学会員にとっては絶対的基準になりますから、今回の提言に公明党も縛られます。そうした背景をわかっている自民党が、なぜこれほど勇ましく出られるのか。サミットを前に、一時期は殺傷能力のある武器をウクライナに供出しようとしていましたよね。

鈴木　勇ましいことを言う自民党政治家たちは、イケイケどんどんでした。

佐藤　１回目の会合で公明党がはねつけたことが、間違いなく歯止めになっています。こういうことは慎重を期さねばならず、２回目の会合はサミット後になりました。自民党で威勢のいいことを言っている人たちは、事前の準備もしていないし、主張が軽すぎる。

　仮にサミットまでに兵器供与をしておいたほうが西側陣営の連携を深めるために重要だというのなら、公明党が反対することはわかっているのだし、連立を解消するくらいの肚をもって向かっていくのならともかく、公明党が反対したらすぐにしゅるしゅるっと小さくなって威勢のよさは失せてしまう。だから、自民党のそうした議員にしても、公明党、創価学会と喧嘩をする肚はないのです。

　西側連合として兵器を出さなければならない、それに反対するのなら公明党は連立から出て行ってくれと、肚を括って発言しているのならともかく、言葉の威勢の良さと実態はまったく違っていた。ふにゃふにゃした印象ですね。

鈴木　武器供与を主張する威勢のいい方々は、自民党の中枢の人ではないということなのでしょうか？

佐藤　いえ、中枢を含めてでしょう。

鈴木　政治家の姿勢がふにゃふにゃしているというのは、言い得て妙です。

佐藤　内閣支持率が再び4割台を超えたといっても、すぐに下落してしまいますし、岸田総理になり替わる人もいない。深海魚のように、海底の深くでごそごそやっている様子を思い浮かべてしまいます。こういうことを続けていると、そのうちいつか、必ず大変なことになりますよ。

鈴木　そうでしょうね。

佐藤　また、池田氏は、ゼレンスキー大統領と岸田総理の会談について一言も触れていませんが、ほぼ同じ時期に開催された中露首脳会談での停戦案については、国連の方針とも合致することがあると評価するコメントを出しています。ウクライナ戦争をめぐる視点に関して、私は政治よりも宗教団体のほうが確かなものがあるのではないかと思います。

ただ、これほどまで政治が現状を理解していないのは、まるで漫画のような話です。日本政府もマスメディアも、中露の首脳会談など大した意味は持たない、むしろ岸田総理がゼレンスキー大統領と会っていることのほうが大きい――そういう姿勢でいますけれど、連立政権を支える創価学会のトップは真逆のことを言っている。本当に不思議です。しかも、宗教側からのこうした視座があることは、一般メディアではほとんど報道されていない。

鈴木　池田名誉会長の提案について、公明党の議員はもっと発信するべきでしょうね。

佐藤　そうですね。自民党に遠慮しているのでしょうか。

鈴木　旧統一教会問題と関連しているのだと思います。政教分離の観点からしても。公明党の議員を見ていると、ここは静かにしておいたほうが組織に迷惑をかけない、そんな配慮が働いているようにも見えますね。

佐藤　逆に、ここで積極的に発信したほうが、組織としても評判は上がるのですけどね。

鈴木　むしろ公明党の発言力もつくでしょうし、自民党がそれについて文句をつけられるはずがありませんから。

ウクライナの役割を日本に担わせるアメリカ

佐藤　ロシアは重要な出来事があったときのシグナルを、政府系テレビ・第一チャンネルの討論番組『グレート・ゲーム』で流します。モスクワ時間5月22日23時、日本時間23日午前5時からの放送で、日本へのメッセージを出していました。

出演者は、ドミトリー・サイムズ氏（米共和党系シンクタンク「センター・フォー・ナショナル・インタレスト」所長）、コンスタンチン・シスコフ氏（軍事評論家）、アンドレイ・デニソフ氏（元ロシア第一外務次官）、アンドリャニク・ミグラニャン氏（モスクワ国際関係大学教授）。彼らの日本へのまなざし、分析が秀逸です。その発言から抜粋してみます。

中国が台湾を攻撃することになれば、日本がそこに参戦するということだ。アメリカの立場に関係なく参戦するらしい。このことが意味するのはたった一つ。ウクライナやポーランドの役割を、東アジアで日本が果たすということである。日本だけが、アメリカの手先となって中国と戦う。これは古典的なアメ

――リカの論理だ。人の手で戦うということだ――。

サイムズ氏は、このことについて、デニソフ氏に尋ねています。

「アメリカ抜きで、日本が一国で中国と戦争をすることがあるのだろうか」と。デニソフ氏は、「私は予言者ではないし、予言の役割を担ってはいない。第一に、これは虚勢だと思う。仮に日本でそういうことを言っている人がいたら」――。

彼らが問題視していたのは、広島サミットで出された首脳声明に対して、中国が厳しく抗議したことです。

鈴木　5月21日、中国外務省の孫衛東外務次官が、垂《たる》秀夫《み》駐中国日本大使を呼び出して、台湾有事についての発言を中国の内政干渉だと指摘したことですね。

佐藤　そうです。これは中国外交における新しい出来事であり、むしろ、こちらのほうに注目するべきだと彼らは言っています。デニソフ氏は、中国側の激しい反応を危惧していて、こう言っています。「戦争の可能性については、私はあえて述べないことにする」と。それについて、ミグラニャン氏はこのようなことを言っていました。

軍事専門家として関心を持っている。日本では極めて興味深い議論が展開されており、一部の日本人は核兵器を作りたいと思っている。その準備はできている。そして、ワシントンでは、この機会を認めようじゃないかという動きもある。なぜなら日本人はアメリカの核の傘を信用できないのに、自分の手で自分の頭を守りたいと主張しているから——。

シスコフ氏がそれを受けて、日本の核兵器開発の可能性について、こう語っています。

日本には非常に短期間で核兵器を完成させる力があるのだが、いくつかの問題がある。一つは弾道ミサイルを正確に誘導し、中国を攻撃する独自のミサイ

ルと宇宙システムを持っていないことだ。二つは日本が独自の航空産業を持っていないことだ。そのため、核兵器の運搬に問題が生じる。さらに加えるとすれば、核戦争においては発射場の数が死活的に問題になる。それは国の面積に比例する。日本の面積は小さすぎるのだ。中国は400以上の発射場を持っているので、100〜150発のミサイルを撃ち込めば、物理的に日本を壊滅させることは簡単だ。中国の中距離弾道ミサイルは日本に到達する。日本が広島サミットでのような声明を行ったのは、アメリカが圧力をかけたからだろう。アメリカは支援をするようでいて、日本をウクライナやポーランドのように扱おうとしている。中国の核抑止や一連の激しい行動は、アメリカによる脅威にさらされているからだ。戦闘能力のある5つの空母の内3つが今、アジアに配備されているじゃないか——。

鈴木　恐ろしいほど端的な分析ですね。日本で勇ましいことを言っている人たちはアメリカの意向をかなり忖度しているんじゃないか、と捉えているようにも思えます。

佐藤　彼らには見えているのでしょう。日本の政治家がいくら勇ましいことを言っていても、これはアメリカに、そしてバイデン大統領に言わされているのだと。そう受けとめたほうがいいんじゃないかと言っているわけです。

「次は台湾有事」と主張する大国の思惑

鈴木　日本の報道でもありましたが、中国は「強烈な不満と断固とした反対を表明する」とかなり強い言葉で抗議をしていました。さらに「台湾問題は中国の核心的利益であり、超えてはならないレッドラインだ」として、これ以上踏み込むのであれば、事を構えると表明したも同然です。

佐藤　貿易とかで争うのは構わないのだけれど、台湾は中国からすれば内政問題になります。チベットとかウイグルとかと同列です。この問題に触れることは絶対に認められない、とロシアも見ています。

繰り返しになりますが、ここで注意しなければならないのは、ウクライナ戦争でアメリカは、ウクライナに武器だけを提供してウクライナ人に戦わせているということです。だから、台湾有事についても、アメリカの一部の人たちは、アメリカは武器だけを日本に提供して、日本人に戦わせることを考えている。アメリカの自由とか民主主義とかいう「価値観」を守るために、アジア人の手でアジア人と戦わせるということを考えている可能性は十分あります。それは日本を勝たせるとか、台湾を勝たせるとかが目的ではなくて、台湾人と日本人が中国と戦うことになって、アジア人同士で殺し合いをさせて、それによって中国を弱体化させる。今回のウクライナを見ていると、アメリカならそう考えかねないと思えてきます。

鈴木　スラブ人によってスラブ人を抑え込むということを、ロシアとウクライナでやっているわけですからね。

佐藤　こういうところをロシアがきちんと見ているのは、非常に鋭い指摘だと私は思います。ただ、我々はアメリカとは軍事同盟国の関係ではあるのだけれど、一つの主権国家です。日本の生き残りについては、やはり日本人自身が真剣に考えないといけない。

鈴木　そこで改めて考えたいのが、果たして、ロシアによるウクライナへの特別軍事行動が、台湾有事につながるのだろうかということです。佐藤さんはどうお考えですか？

佐藤　ロシアのウクライナ侵攻に味をしめて、力が大きければ台湾への侵攻ができると習近平指導部は考えるのか。逆に、力によって自分たちの目標を実現しようとした場合には、国際的な反発は極めて強いから、そんなことをするよりも早く経済的にアメリカを追い抜いて、経済を強くすることによって、柿が熟して落ちてくるのを待つ。台湾の中でも中国と一緒にやりたいと思っている国民党の人たちを引き込み、国共合作を志向したほうがいいのではないか、と考えているのかもしれません。

それから、国内問題であるというならば、台湾も北京も一致しているのです。台湾からすれば「中華民国」の国内問題であり、北京からしてみれば「中華人民共和国」の国内問題と解釈することができる。でも、国内問題ということは一致しているのです。国内問題と、主権国家の主権を侵害して侵攻するということは、まったく位相が違ってきます。そうすると、ウクライナのような形で、台湾有事について国際社会がまとまりきれるのか。ウクライナ戦争と台湾有事は、独立変数だと思います。

『文藝春秋』2023年6月号に、CIA長官のウィリアム・バーンズ氏の大学での講演録が掲載されていますが(『CIA長官が語る「中露同盟の限界」』)、その中で、2027年までに準備をしろと習近平国家主席が言っているという記述があります。我々(CIA)はそうした情報を把握しているけれど、実際に行動に踏み切るかどうかは別の問題だ、とバーンズ氏は言っています。それならば日本だって、北朝鮮のミサイル攻撃に対してJアラートなどを稼働して備えてはいるのだけれど、では実際に北朝鮮と事を構えることを決めているのかと言えば、決してそうではない。

そして、仮に台湾進攻に中国が踏み切った場合、アメリカは台湾のために本当に戦うのか。アメリカの極東戦略として、面倒なところからは手を引くということも十分あり得ます。トランプ大統領が出てきて「アメリカファースト」を掲げたのは、もうお金がかかることはしない、金正恩総書記とは外交で話ができるから在韓米軍を引き上げる、という可能性を示唆してしまった例もあります。そういったことをすべてすっ飛ばして、台湾海峡では今にも戦争が起きそうだ、その台湾有事についての防衛は日本の義務だと、こうなるともう二重、三重に議論をすっ飛ばしてしまっているのです。

さらに加えれば、台湾有事とは、すなわち沖縄有事なのです。沖縄の民意が、台湾防衛のために沖縄を再び戦場にするということに賛成するでしょうか。仮にそんなことになれば、沖縄が日本から離脱することにもなりかねない。国家統合の危機に日本は陥《おちい》ってしまいます。戦争に巻き込まれるくらいならば日本から分離する、と主張する政治家が沖縄から出てきたら、少なくとも沖縄では無視できない力を持つことになると思います。

鈴木　今日のウクライナは明日の台湾だ、明日の北海道だとか、日本の一部の評論家、学者と称する人たちは、なぜそういうふうに結びつけてしまうのか。馬鹿じゃないかと私は言いたい。

佐藤　北海道にロシア軍が上がってくるとして、日本の自衛隊に救済能力が何日くらいあると思いますか？　1週間がいいところでしょう。

鈴木　3日ももてばいいほうでしょうね。

佐藤　仮に戦闘が始まってしばらくすると、弾の備蓄がないから弾切れになります。

要するに、戦闘開始から3、4日のうちにアメリカが助けにきてくれる、それまでのつなぎとしてしか考えていないのです。長くもって1週間、早ければ3日で弾は切れると思います。

アメリカのインテリジェンスの終焉

鈴木 「中国が攻めてくるぞ」「ロシアが攻めてくるぞ」と煽る人たちがいて、またそれに乗っかるメディアがある。オオカミ少年はいかんと思うわけです。

佐藤 攻めてくると言っているうちに、逆に「日本は攻めてくるつもりだ」と。すでにロシアのほうは太平洋艦隊の演習で、北方領土に日本が上陸してくるという前提の演習を行いました。間違ったシグナルを送ることになりかねません。

鈴木 そもそも「攻めてくるぞ」と先に煽り始めたのは、どっちだったのかということです。

佐藤 アメリカです。ただ、ロシアが不穏な動きをしている情報は逐次、アメリカが取っている、だからアメリカの諜報能力はすごいんだと今でもいう人がいるけれど、この現状をどう考えるのかということです。ウクライナ戦争を抑止できなかったことは大失敗でしょう。しかも、アメリカの情報管理の現状はどうなっているのか。前述のテシェイラによる情報漏洩事件で明らかな通り、管理体制も極めて脆《ぜい》弱《じゃく》です。アメリカの覇権はインテリジェンスの世界でも終焉を迎えているということでしょう。情報に関して、そこそこの付き合いにしておいたほうがいいと思います。

鈴木　そうした中で、日米同盟をこれからどう捉えればいいか。今、ホワイトハウスのそれなりのレベルの高官に、誰がストレートにコンタクトできるでしょうか。ちょっと心配です。例えば、日本の安保局長はカウンターパートとして、アメリカの安全保障の補佐官には連絡が取れます。ただ、事務的な連絡は取れても、本当にツーカーな関係になれているのか。「日米同盟で安全保障を大事にしていく」と、今でも世界に向けて言うことは簡単です。ただ、お互いハートtoハート、琴線に触れる関係でなくてはダメなんです。その関係性がどれほど強いか、あるいは戦略に明るいのか。私にはクエスチョンマークです。過剰に日米関係、同盟関係と、言葉の遊びをしているように思えてなりません。

佐藤　お前愛してるよ、と夫婦が愛情の確認を執拗に毎日しているというのは、夫婦関係がおかしくなっているからです。それに似ていますね。

戦争を煽ってはならない。一にも二にも「停戦」を

〜あとがきにかえて〜

2022年2月24日、ロシアによるウクライナへの特別軍事行動が始まって以来、私は一貫して、戦争とはすなわち喧嘩両成敗、どちら側にも言い分があり責任があるものだと言ってきた。どのような理由で始まった戦争であろうと、決して長引かせてはならない。一にも二にも「停戦」以外に進むべき道はないと、強く主張してきたつもりである。

この特別軍事行動は、何がそもそもの原因であるのか。

「ミンスク合意」という国際的な条約に取り決められていたことをウクライナ側が破ったことが引き金であることは、火を見るより明らかであるのだが、西側連合を経由して届けられる情報には、ロシアだけを悪魔化し、ウクライナを無辜の善人として決めつけているようにしか思えない。

戦争を煽ってはならない。

一にも二にも「停戦」を　〜あとがきにかえて〜

本書の文中にも記させていただいたが、私は「生涯の戦友」佐藤優氏とともに日露外交の最前線を走り続けてきた。橋本龍太郎総理、小渕恵三総理、森喜朗総理、安倍晋三総理の時代、私たちは足しげく総理官邸を訪れ、北方領土解決に向けた対ロシア外交をめぐって議論を交わした。

小渕総理の特使として、大統領に就任したばかりのプーチン大統領に、外国人の政治家として初めてお会いしたのは私だったし、森総理の総理大臣就任後、最初の外国訪問先として、プーチン大統領に首脳会談の日程をいただくために動いたのも私だった。

そして、安倍総理が、平成27年12月28日、「来年から本格的にロシア外交をやりたい」と、当時まだ浪人中の身であった私に協力を求められたことも、非常に鮮明に記憶している。このときの模様は、本書の第7章に記した通りだが、おしむらくは安倍総理が凶弾に倒れてしまったことだ。

安倍総理が健在であれば、日露関係は現状のような距離感を生じさせることはなかっただろうし、ウクライナとの間に立って、西側陣営を代表する形で仲介役の労を自らとられていたことと思う。

尊い命が日々失われていくことを、我々は是が非でも止めなければならない。戦争の責任がどちらにあるのかとか、互いが占領した領土をどうするかは、お互いが武器を置いてからの問題である。停戦＝戦争の決着ではないということを、私は声を大にして言いたい。

ロシアが特別軍事行動に踏み切ったことは許されることではないが、では自国の力で戦えないウクライナに対して、殺傷能力のある武器を渡して戦争行為の続行を煽り続けることが、果たして正しいことなのだろうか。

78年前の太平洋戦争において、敗戦濃厚となった日本が「本土決戦も辞さぬ」「一億総玉砕」などの当時の大本営発表による扇動的な言葉に衝き動かされ、後戻りのできぬ戦争の泥沼に突き進んでいった結果、どんな悲劇が待っていたのか。

その経験をウクライナに対してさせることは避けなければならない。そうした負の経験を持つ日本は、だからこそ、最悪の事態を回避するために、ロシアとウクライナを話し合いの場につかせるために尽力すべきなのだ。

こじれてしまった両国の関係を元に戻すには相当な時間を要するだろうが、サンフランシスコ講和条約によって戦争が総括されたのも、終戦から6年を経てのことだった。まずは戦闘行為にピリオドを打ち、じっくりと時間をかけて対話をしていけばよい。

私も佐藤氏も、そのことを切に願い、今回の緊急対談の書を刊行させていただいた。しかも佐藤氏は、大きな手術を控えた中、長時間の対談に臨んでいただけた。これまで共に様々な壁を乗り越えてきた戦友と、再びこのような意義ある仕事をさせていただけたことを感慨深く思うのと同時に、やはり日露外交、そして日本の外交には、佐藤優という傑物の存在が不可欠であることを改めてかみしめている。

明けない夜がないように、終わらぬ戦争はない。この戦いが終結してのち、佐藤氏とは改めて総括の場をもうけたいと思う。

2023年7月吉日、参議院議員会館にて、

鈴木宗男

佐藤優（さとう・まさる）

作家・元外務省主任分析官。1960年東京生まれ。85年にノンキャリアの専門職員として外務省入省。在モスクワ日本大使館勤務等を経て、国際情報局分析第一課主任分析官。2002年、背任容疑で逮捕後、512日間の勾留を経て保釈。05年に執行猶予付き有罪判決を受け、その後、控訴・上告するが、09年の最高裁判所による上告棄却で判決確定、失職。作家に転身。著書に『国家の罠』（毎日出版文化賞）、『自壊する帝国』（大宅壮一ノンフィクション賞、新潮ドキュメント賞）、ビジネスパーソンに向けた処世の書として『メンタルの強化書』『50代からの人生戦略』等、独自の勉強術を説いた『読書の技法』『世界史の極意』等、対談として『第3次世界大戦の罠 新たな国際秩序と地政学を読み解く』（山内昌之氏と）等、自伝的読み物として『十五の夏　上・下』、親友との合作として『友情について　僕と豊島昭彦君の44年』。小説として『外務省ハレンチ物語』『元外務省主任分析官・佐田勇の告白 小説・北方領土交渉』。時評として『佐藤優の「情報読解」の私塾　赤版・青版』等。ロシアによるウクライナ侵攻を分析した『ウクライナ「情報」戦争　ロシア発のシグナルはなぜ見落とされるのか』、『プーチンの野望』『ウクライナ戦争の嘘　米露中北の打算・野望・本音』（手嶋龍一氏と共著）、『プーチンの10年戦争』（池上彰氏と共著）、『よみがえるロシア帝国』（副島隆彦氏と共著）など。

鈴木宗男（すずき・むねお）

政治家。参議院議員（日本維新の会、新党大地）。1948年北海道足寄町生まれ。拓殖大学在学中から中川一郎議員の秘書をつとめる。83年の衆院選で初当選。89年、防衛政務次官を拝命（宇野内閣、海部内閣）。90年に外務政務次官（海部内閣）、93年に防衛政務次官（宮沢内閣）、97年に第2次橋本内閣で国務大臣北海道・沖縄開発庁長官で初入閣、98年に小渕内閣で内閣官房副長官、99年に自民党総務局長（小渕内閣、森内閣）などを歴任。2002年6月、あっせん収賄他で逮捕。その後、05年に地域政党新党大地を結成し、同党代表に就任。09年には衆議院外務委員長を拝命。10年には衆議院議員在職25年永年議員表彰を受ける。9月最高裁で上告棄却。12月収監。19年7月の参議院議員選挙で日本維新の会から出馬し当選（比例区）、9年ぶりに国政復帰を果たす。20年に参議院沖縄及び北方問題に関する特別委員長に就任。22年には参議院懲罰委員会委員長に就任。著書に『人生の地獄の乗り越え方　ムネオを救った30の言葉』『外交の大問題』『政治の修羅場』『ムネオの伝言』『汚名　検察に人生を奪われた男の告白』『政治家崩壊　「情」の政治を取り戻すために』ほか多数。共著に『鈴木宗男が考える日本』（魚住昭氏、佐藤優氏と）、『北方領土「特命交渉」』（佐藤優氏と）、『闇権力の執行人』（佐藤優氏解説）、『政治家抹殺　「再審請求で見えた永田町の罠」』（佐藤優氏と）ほか。

装幀　木村友彦
写真　共同通信イメージズ
編集協力　ジャスト日本
取材協力　新党大地

最後の停戦論
ウクライナとロシアを躍らせた黒幕の正体

第1刷　2023年7月31日

著者　鈴木宗男　佐藤優
発行者　小宮英行
発行所　株式会社徳間書店
〒141-8202
東京都品川区上大崎3-1-1 目黒セントラルスクエア
電話　（編集）03-5403-4350／（営業）049-293-5521
振替　00140-0-44392

印刷・製本　三晃印刷株式会社

ISBN978-4-19-865658-4

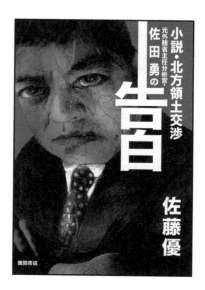